書寫自我

[美]伊沛霞 张聪 姚平 编

中国历史上的个人记述

Chinese
Autobiographical
Writing

AN ANTHOLOGY OF
PERSONAL ACCOUNTS

edited by

Patricia Buckley Ebrey, Cong Ellen Zhang, and Ping Yao

图书在版编目（CIP）数据

书写自我：中国历史上的个人记述/（美）伊沛霞，
（美）张聪，（美）姚平编. —上海：上海古籍出版社，
2023.9
ISBN 978-7-5732-0768-5

Ⅰ. ①书… Ⅱ. ①伊… ②张… ③姚… Ⅲ. ①中国历
史—古代史—研究 Ⅳ. ①K220.7

中国国家版本馆CIP数据核字（2023）第154964号

书写自我：中国历史上的个人记述
［美］伊沛霞 张 聪 姚 平 编
上海古籍出版社出版发行
（上海市闵行区号景路159弄1-5号A座5F 邮政编码201101）
（1）网址：www. guji. com. cn
（2）E-mail：guji1 @ guji. com. cn
（3）易文网网址：www. ewen. co
苏州市越洋印刷有限公司印刷
开本787×1092 1/32 印张9.375 插页2 字数150,000
2023年9月第1版 2023年9月第1次印刷
印数：1—5,100
ISBN 978-7-5732-0768-5
K·3409 定价：52.00元
如有质量问题，请与承印公司联系

目　　录

序言和致谢

　　本书的编写有两个渊源。其一是伊沛霞（Patricia B. Ebrey，昵称Pat）在二十世纪七十年代末受美国国家人文基金资助所做的史料翻译工作。该项目历经三年时间，最终的成果是《中华文明与社会读本》（*Chinese Civilization and Society: A Sourcebook*，自由出版社，1981年）。当时，伊利诺伊大学的几位研究生与Pat一起，遴选并翻译了大量适用于本科生课程的原始材料。Pat校对了所有译稿，自己也翻译了多篇，并为每一篇译文撰写了简介。这些材料在正式出版之前还被拿到课堂上使用，测试其效果。因当时准备的篇目过多，无法全数收入一本资料集中，Pat留下了几篇较长的自传类作品，期待有朝一日可以出版一系列自述。本集中有四篇即是当年的旧作，在尘封数十年后终见天日。这次编辑过程中，我们对每一篇都进行了删减，但这四篇的篇幅仍是本书中最长的。

本书的另一个渊源是我们三人的师生关系。二十世纪九十年代，姚平和张聪先后来到伊利诺伊大学攻读博士学位，先是成为Pat的学生，后彼此成为好友。我们三人后来都因工作求学的关系离开了伊利诺伊大学，但二十多年过去了，我们仍然经常见面，阅读彼此文章的草稿，并提供改进意见。2019年，我们三人合编了《追怀生命：中国历史上的墓志铭》（*Chinese Funerary Biographies: An Anthology of Remembered Lives*，华盛顿大学出版社，2019年，中译本由上海古籍出版社于2021年出版）。那本选集始于一个文本精读工作坊，共包含了19位学者的译文。

在计划编辑这本集子之初，我们即决定由我们自己来编选绝大部分篇目，以求达到更高层次的前后贯通。本书中，唐及之前的篇目是由姚平遴选并导读的，Pat和张聪负责宋及之后的部分。但我们三人花费了大量时间检查校订彼此所做的工作，所以书中的每一篇其实都是集体完成的。正因为如此，篇后没有注明编撰者。

由于我们与华盛顿大学出版社，特别是洛瑞·哈格曼

（Lorri Hagman）及其团队，在《追怀生命》出版时已有过愉快的合作，从策划之始，我们就希望本书也能由华大出版社出版。我们三人特别感谢出版社为本书找到的极为称职负责的审稿人。两位审稿人都仔细认真地阅读了原文和译文，并提出了许多有关措辞方面的建议。对他们的建议，我们几乎全部愉快地予以接受，并在此公开感谢他们对本书的贡献。

前　言

　　回忆录是当前非常流行的一种文学体裁，各行各业的名人——演员、运动员、小说家——撰文著书描述他们成名前后的生活。有抱负的政治家也会通过写回忆录，向潜在的支持者介绍自己。美国总统在卸任后通常会著书回忆他们的白宫生涯，描述他们是如何处理危机和把握机遇的。那些在他们手下工作过的官员也会记录自己的经历。可见，"真相"并不是确凿无疑的——即使当时身处同一个房间，人们对同一事件的记忆也会不同；读者也必须考虑到作者会因循私利而歪曲事实。今天，即使是相对默默无闻的人也会书写自己的生活，因为他们知道，一定有读者对自叙性的、引人入胜的故事感兴趣，尤其是，如果这些故事能把他们带进一个与他们身处的完全不同的世界。幽默大师也经常大量地以自身经历为写作题材，当然，他们调侃的对象并不是普通意义上的家庭或工作场所，而是那些自己不得不忍受的家庭或工作场所。今天的回忆录通常都是长篇大论，但杂志和报纸也经常会刊登以第一人称撰写的短篇作品。例如，记者在报道战争或灾难时，经常会把自己放在事件之中——他们身处何处、看到什么、与谁交谈，以此来展现他们所亲身经历的时刻。这类作品吸引了人们对作为个人的作者的关注，它的流行反映了现代人对自我和真实性的看法，同时，它也借鉴了几个世纪以来的西方文学传统。早期的例子包括小普林尼的书信和圣奥古斯丁的《忏悔录》等作品。

在近代以前的中国，文人们很少写长篇回忆录，甚至连以自己的思想、感受和经历为中心的短篇文章也很少见。但他们留下的自叙却很值得一读。这些作品在许多方面与现代回忆录不同，它们有自己的传统和历史，但它们与现代回忆录也有共同点——个人陈述的直接性。它们帮助我们理解一定历史时期的自我、人际关系和历史事件的概念。当然，就像我们读现代的回忆录一样，我们也要带着审视的眼光来读这些自叙。并不是所有自称为个人陈述的作品都一定是完全可信的，况且，书写自己经历的人也并不都是完全诚实的。

　　许多优秀的中国古代自传文本已被选摘、翻译成白话文，这类出版物很容易找到。而此书的主旨是让读者更深入地了解此类个人陈述。我们选择的作品来自各种不同的文学体裁——诗歌、信件、日记、掌故、报告、法律诉讼中的陈述、书籍的序或跋、自撰墓志，当然还有一些标题为自传的作品。在选择时，我们首先考虑的，是那些能带我们走进历史或提供生活中生动细节的引人入胜的作品：有些作品关注一个人的一生，另一些则关注一个特定的时刻；一些作品略带幽默，另一些则十分严肃。在选择过程中，我们把重点放在体现作品的多样性上：不同时期、不同风格的作品，男性作品、女性作品，历史名人作品以及小老百姓的作品。我们还致力寻找有助于阐明中国传统中自我书写的历史和惯例的作品。

　　本书的每一章都有关于所选作品及其作者的简短导读，介绍作者的背景和写作目的。在此，我们先大致地介绍一些中国自我书写传统的基本特征，以助于读者将这些章节放在更大的历史背景中去理解。总体来说，周朝和汉朝是自叙文字发展的关键时期，但识字率的提高、印刷业

的繁荣和文人文化的兴盛促使更多人去记录和书写自己的
个人经历，这些文字的保存也更为容易，所以流传至今的
后世作品要远超过前期。

诗歌中的自我描述

也许最常用的表达内心想法的方式是写诗。《诗经》中
的许多诗歌都可以解读为个人情感或经历的表达，不过，
除了诗歌内容之外，我们对作者所知甚少。可以说，屈
原（约前340—前278）的诗歌开创了自叙文字的一个新阶
段。屈原是楚国的贵族，他失宠于楚王，身不遇时，最后
投河自尽。他的长诗《离骚》表达了他对自己的命运的感
叹、对自己的品德的辩护，以及对污蔑他的人的反击。这
首诗是否真的出自屈原我们不得而知，但它一直被认为是
中国文学史上的名作，是个人感受的表述，其中著名的诗
句"长太息以掩涕兮，哀民生之多艰"和"路曼曼其修远
兮，吾将上下而求索"，都被理解为诗人对崇高理想的激情
表达。

十九世纪之前，诗歌一直是描写自我的主要体裁。其
作家和作品数不胜数，其中不少还是女性作家，最早的三

位生活在汉代，她们是班昭（45—117）、班婕妤（前48—2）和蔡琰（蔡文姬，公元二世纪至三世纪末）。班昭出生于东汉年间极负盛名的学术世家。她的功绩包括担任后宫"大家"、协助父亲班彪（3—54）和哥哥班固（32—92）完成《汉书》，她还撰写了中国帝制时期最重要的女性教育文本之一——《女诫》。在自传体写作史上，班昭的《东征赋》占有重要地位。它描述了作者在公元113年伴随儿子去河南任职时的一次旅行。班昭写道：

> 惟永初之有七兮，余随子乎东征。
>
> 时孟春之吉日兮，撰良辰而将行。
>
> 乃举趾而升舆兮，夕予宿乎偃师。
>
> 遂去故而就新兮，志怆悢而怀悲。
>
> 明发曙而不寐兮，心迟迟而有违。
>
> ……

在描写了她不愿离开都城的感受之后，班昭陈述了这次旅行的各种经历：景色的变化、旅途的艰辛，以及她所目睹的百姓的苦难。班昭在路上联想到了孔子的不幸和辛劳（"念夫子之厄勤"），并感叹："唯令德为不朽兮，身既没而名存。"之后，她又补充道："惟经典之所美兮，贵道德与仁贤。"

　　班昭可能希望尽量避免自我怜悯，但在大约一个世纪以前，她的祖姑班婕妤却并未有丝毫犹豫。班婕妤曾受到汉成帝的宠幸，因而成为其他嫔妃的嫉恨对象。她担心自己会因宫廷斗争而被陷害，便自请去伺候皇太后。她的《自悼赋》从自己进入皇宫、深受皇帝宠爱写起，随后描述了自己以古代女德为典范的信念以及失去儿子的悲痛。不过，班婕妤的写作重心是她失宠后的孤独生活：

> 神眇眇兮密靓处，君不御兮谁为荣？
> 俯视兮丹墀，思君兮履綦。
> 仰视兮云屋，双涕兮横流。

　　班婕妤的《自悼赋》是怨女诗传统中最早的作品之一（后世很多怨女诗往往是男性借用女性的声音撰写的）。另一位汉代女性文人——著名学者司马相如的妻子卓文君，以自己的语言为这类题材的诗歌开辟新境。身为寡妇的卓文君为了爱情而与司马相如私奔，此事曾经轰动一时。但多年之后，司马相如决意娶妾，卓文君对丈夫的背叛深感伤心，她的《白头吟》哀叹道：

> 皑如山上雪，皎若云间月。
>
> 闻君有两意，故来相决绝。
>
> ……
>
> 凄凄复凄凄，嫁娶不须啼。
>
> 愿得一心人，白头不相离。

本书收录了几篇这类以诗歌来描述女性生活中的关键时刻或戏剧性事件的作品。第七章选择了两首传为蔡文姬所作的诗作。蔡文姬曾被匈奴所虏，后来虽被赎回，却永远与儿子分离。第九章和第二十三章是被冷落的宫廷女性——西晋的左芬和明代的钟氏——的诗作。男性诗人也经常书写他们的个人生活。在唐宋文人的作品中，有数千篇标题为"自"的诗歌作品（如自嘲、自警、自怜等）。苏颂（1020—1101）就是一个很好的例子。他的自传诗有一个很长的标题：《累年告老，恩旨未俞，诏领祠宫，遂还乡闾，燕闲无事，追省平生，因成感事述怀诗五言一百韵示儿孙辈，使知遭遇终始之意，以代家训，故言多不文》。这首诗是一组家训，其中四分之三（100行中的74行）的内容是苏颂对童年到退休的生活经历的回忆，涉及就学、旅行、历任官职、哀悼父母和蒙受皇恩。

许多唐宋诗人用诗歌来描绘他们的日常生活、欢乐和悲伤、家庭和朋友、旅行和精神生活、事业和追求。他们常常在诗中思考他们生命中最私人、最隐秘、最快乐、最尴尬或最遗憾的时刻，也会谈到一些沉重的话题，诸如贫困、事业挫折、死亡和衰老等（见第十五章）。

序跋中的身世回顾

最早作为书作附文的自传出于中国第一位伟大的历史学家司马迁（前145—前86）之手。他的不朽之作《史记》的最后一章《太史公自序》叙述了他自己的生平。这篇自叙开篇于司马家族在远古时期的辉煌，其家族在学术和史学方面的丰富传统，以及司马迁本人早年的教育经历。然后他又详细介绍了自己在二十多岁时在中国各地的长途旅行，以及后来在武帝（前141—前87年在位）朝做官的经历。司马迁最为强调的是他和父亲司马谈的宫廷历史学家的角色、他们撰写中国通史的雄心壮志，以及《史记》一书的结构。司马迁的自我叙述中有一段情节特别动人，令人难忘。它描述了父亲临终前的父子对话——司马谈嘱托司马迁完成他的写作项目。司马迁写道："迁俯首流涕曰：'小子不敏，请悉论先人所次旧闻，弗敢阙。'"父子双方都把他们的这项事业看作儿子对父亲的孝心表达和一个历史学家的职责。

后来的文人学士借鉴司马迁的先例，在他们著作的开头或结尾书写自己的经历和感受。此书收录了许多这样的作品（见第五、八、十、十八、二十、二十二、二十七章）。很显然，在整个帝制时期，利用完稿之际来书写个人经历和想法，对作家来说一直很有吸引力。我们这本书没有收录可能是最为著名的跋——李清照（1084—约1115）的《金石录后序》，因为它已经被多个优秀的选本收录。今天，在讨论女性天赋和婚姻关系时，这篇文章也经常被引用。

承应传记传统

中国的自传体写作深深受惠于传记传统。这里的重要人物又是司马迁，因为他将个人传记确立为一种合理且重要的史学写作形式。《史记》一百三十篇中有七十篇是列传，包含了大约一百五十位个人身世的记录，有些只有几行，有些则长达数十页。尽管司马迁的传记对象大多是统治者及其臣僚，但他也为一些在其他方面取得了显著成就的男性或女性作传，他们的身份形形色色，有哲人、商人、刺客、门人，等等。在随后的几个世纪里，列传成为正史和地方志中必不可少的一项。

从很早起，文人们就模仿列传体来描述自己，不少作品还带有嘲讽和诙谐的口气。其中最有影响力的是东晋诗人陶渊明（陶潜，约365—427）的作品。陶渊明创作的《五柳先生传》开头语是："先生不知何许人也，亦不详其姓字。宅边有五柳树，因以为号焉。"随后，陶渊明列出了对自己的生活至关重要的三件事：阅读、饮酒和写作。相比于司马迁对政治、道德、家庭义务和学术成就的执着，陶渊明关注的是个人和私生活。他用朴素的语言表现出对简单生活的满足，对有形的得失的漠不关心。陶渊明的许多诗歌也同样地将自己描绘成一个嗜酒的、无忧无虑的人，与周围的环境、自然和"道"完美和谐。在生命的最后一年，陶渊明还撰写了一篇《自祭文》，假设他已去世，并在文中宣称，在经历了一段人生之后，他无怨无悔地离开了这个世界。在设想了自己的死亡和丧葬后，他总结道："人生实难，死如之何？"

　　传承陶渊明自传体的作品往往避免使用真名实姓，并且通常用第三人称书写——以第三人称写自传给予作者一种叙事上的自由。它还借鉴了一人多名的习俗：除了名和字之外，传统的中国文人学者通常有一个或多个在人生不同阶段所起的号。陶渊明因居所旁的柳树而以"五柳先生"著称。白居易（772—846）的自传《醉吟先生传》和柳开（948—1001）的自传《东郊野夫传》（第十一章和第十三章）都继承这个传统。自宋以后，文人学者开始将叙述集中于自己的书斋或住所，不仅描述其实体结构，还赋予它们象征意义。这些叙述往往突出作者的家庭和教育背景，以及哲学归属和精神生活（见第十九章）。

　　中国的传记写作在之后的几个世纪继续发展并演变得更加丰富，这些新发展也继续影响了自传体的写作。两个显著的变化是唐宋时期墓葬传记（尤其是墓志铭）的日趋重要，以及宋代年谱长编的发展。随着为朋友、亲戚和熟人写丧葬传记变得越来越普遍，一些文人往往会以幽默的口吻为自己起草一篇墓志。收入本书中的一个例子是徐渭（1521—1593）的《自为墓志铭》（第二十一章）。

　　最早的传记性书作出现在宋朝。这些编年史性质的传记最初是为重要的唐代文人撰写的，其目的是将他们的作品与写作时的经历联系起来，按时间顺序，列出历年的事件和文学作品。宋朝末期，著名文人文天祥用这种编年史的风格写了一部自传（《纪年录》），这种编年体自传在晚明之后更为普遍。至此，作者已不必是重要人物，每年所列的也可以是平常之事。（见第二十六章汪辉祖自传《病榻梦痕录》。）

信件和日记

　　私人信件为写作者提供了一个坦诚记录生活中关键事件的机会。司马迁再次为后来的作家们提供了一个典范。公元前98年，将领李陵（前134—前74）被汉朝劲敌匈奴击败后投降于匈奴，司马迁因为李陵辩护而下狱并受宫刑。司马迁在写给任安的私信中写道：

　　　　人固有一死，或重于泰山，或轻于鸿毛，用之所趋异也。……夫人情莫不贪生恶死，念父母，顾妻子，至激于义理者不然，乃有所不得已也。……且勇者不必死节，怯夫慕义，何处不勉焉！仆虽怯懦，欲

苟活，亦颇识去就之分矣……所以隐忍苟活，幽于粪
土之中而不辞者，恨私心有所不尽，鄙陋没世，而文
采不表于后世也。

司马迁断言，为了在生活中取得伟大的成就，一个人
应该准备好做出艰难的选择和巨大的牺牲。

本书所选的最早期的作品中，有一些是偶然保存下
来的秦汉时期的信件（第四章）。这些书信并没有司马迁
《报任安书》那样的惊心动魄，但它们的存在向我们证明
了，即便是普通的书信，也有助于我们想象那个时代的日
常生活。此外，我们还在书中向读者推荐了汉代著名儒学
大师郑玄（127—200）写给儿子的一封信（第六章）。自
晚唐起，大量个人文集流传下来，其中包括了许多个人书
信。文学巨匠苏轼（1037—1101）留下了两千多封信，从
中，我们得以了解他送给亲戚的各色礼物、他最喜欢的食
物、他对流亡生活的适应以及他的朋友圈等各种信息。另
一位多产的书札作者是晚清政治家曾国藩（1811—1872），
他给家人、朋友和同僚写了数千封信（第二十九章）。

日记的出现为书写个人经历提供了另一种文学载体。
现存最早的日记大多记录了旅行期间的所见所闻，其重点

在于实地的观察，譬如陆游（1125—1210）的《入蜀记》和范成大（1126—1293）的《吴船录》。本书收录了楼钥（1137—1213）使金的日记节选（第十六章）。

从宋朝起，私人日记开始出现。例如，历史学家和政治家司马光（1021—1086）留下了他在十世纪六十年代末和七十年代撰写的日记。司马光关注的是神宗朝的重大事件，包括颁布诏令、官员的任命和晋升、科考等等。许多与司马光同时代的人声称，他们通过记日记来帮助自己记住日常生活中随意但又难忘的事，如与朋友聚会、听有趣的故事或品尝新水果。在明代，致力于儒家道德修养的个人也经常写内省日记。他们记录了自己所面临的诱惑，他们以正确、负责的方式行事的想法和努力，其目的在于自我检点，并致力于避免重复错误。吴与弼（1392—1469）就是一个较早的例子，他的日记涵盖了他大部分成年人时期，不仅记录了他为提高自身所做的努力，还记录了他作为一名乡村教师在收支方面的挣扎。

亲历者的证词

人们提供证词的原因有很多。有时，他们观察到犯罪并向当局报告所看到的情况。反过来，官府可以迫使那些被指控者陈述自己的所作所为。现存的证词大多是官吏所记录的口头陈述。本书收集了一些秦、汉和唐时期偶然幸存下来的供词（第2章）。清政府档案中有数千份证词，为历史学家研究叛乱、法律实践、婚姻习俗和类似问题提供了丰富的资料。这些叙述通常一目了然，可能反映了办案官吏的编辑整理。当然，通常情况下，作证人会尽力为自己辩护。比如，在1748年，一位佃农被指控谋杀附近一位名叫澄源的和尚，他的供词如下：

> 小的是本县李家垣人，今年五十五岁。父母、女人早已亡过，止一个儿子叫李一飞，上年七月间出外佣工去了。租屋已退还原主，小的并无房屋，独自一个依住兄弟李明志家，自己谋生度日，兄弟在外贸易，他家止有个弟媳，并无别人。

> 小的原佃种澄源二斗田，平分籽粒，历无负欠。乾隆十年，他陡然不要小的佃种，小的说了几回，他执意不肯，小的已经怀恨。到乾隆十一年秋后，又去求他，他总不依，倒说小的不成材。小的实恨他不过，当时与他争论了一场，无处出气。至乾隆十二

年春间，他把小的与他连界的一斗湖田，挖了土去做他的田塍，小的又与他大讲过口来，小的蓄恨已久。过后他贩几斤酒卖，小的问他买酒，他故意说酒完了，就有也不卖与小的。他是出家人，年老习诈，并无一点慈悲，屡次欺凌小的，忿恨已极，蓄心要想处治他，因无间可乘，不便下手。至乾隆十二年八月二十六日晚，小的在外吃了酒，撞着澄源也吃了酒回去，见他有些醉形，小的想起他从前刻薄的事，恼起来，乘着酒，就要去害他。料他是年老的人，又酒醉独宿，那晚自然睡得早，必无防备，只拿了一根树皮绳子，带在腰间，想去乘他熟睡，勒死了他。[1]

接着，他的供词描述了他用棍棒和斧头殴打和尚并试图掩盖罪行的许多令人毛骨悚然的细节。可见，很可能的是，这并不是这位佃农的一大段独白，而是抄写员把他在审讯中的回答串在一起，编成一个故事。为了更容易地判定一个审讯对象是否有谋杀罪，审讯人员会一而再、再

---

[1]　中国第一历史档案馆、中国社会科学院历史研究所编《清代地租剥削形态》，中华书局，1982年，第53—54页。

而三地引诱他承认自己与受害者之间有着长期的敌意，因此，实际的证词不可能是一个连贯的故事。

本书选择的供词并不涉及暴力，而是一个诈骗案主犯的陈述。一位不得志的教师扮成官员，杜撰种种不幸故事，让许多人受骗上当，向他提供帮助（第二十五章）。

还有一类证词是亲历灾难者的记录，尤其是战争和自然灾害期间所观察到的情况。这些作者认为，他们所亲眼目睹的或了解到的苦难或艰辛经历应当被记录，于是他们试图写下一些基本情况。一个著名的例子是十七世纪的王秀楚对满族入侵期间屠杀扬州人的描述——《扬州十日记》。本书收入了蒙古征服金和宋时，两位主要见证者的记录（第十八章）。他们的叙述未必像《扬州十日记》那么惨烈，但它们能帮助我们想象经历这些入侵意味着什么。以文天祥为例，他是这一剧变中的重要角色，他投身于阻挡蒙古征服大宋这一似乎注定要失败的事业。

感知到社会弊病也会促使文人写下他们的所见所闻，以见证法律之不公或各种非人之行径。方苞《狱中杂记》中对北京监狱里的疾病传播的描述，是发生在十八世纪的一个典型例子。自然灾害及其所造成的苦难也促使人们将所见所闻记录下来。本书第二十四章是两位作者对自己家乡所发生的自然灾害的描写，他们试图以客观的见证人的口吻来陈述这些天灾给当地百姓所带来的惨痛遭遇，而不是专注于讲述自己的经历。此外，我们还收入一位青少年关于他成为捻军俘虏的经历以及他所了解的捻军的叙述（第二十八章）。

为继承人写作

当一位作者写有关自己的书时，如果他想象这本书会被广为传阅（无论是在印刷术传播之前还是之后），便一定会想到他的读者包括陌生人。但是，在日常生活中，人们最有可能与亲近的人谈论自己，尤其是自己的家人。和其他社会一样，中国的父亲们在给儿子和孙子提供指导时，也会借鉴自己过往的经验，其中一些人开始把这些内容写下来，这类文字被称为"家训"。有的家训形式很简单——一封信（如郑玄的信，第六章）。六世纪时，颜之推（531—591）为自己的子孙后代撰写了一本完整的家训，书中就如何避免政治危险、培养儒家和佛教美德等问题提出了种种建议。颜之推常以自己多灾多难的生活经历为例来阐明他的论点。以下是一些示例：

　　或有狼藉几案，分散部帙，多为童幼婢妾之所点污，风雨虫鼠之所毁伤，实为累德。吾每读圣人之书，未尝不肃敬对之；其故纸有《五经》词义，及贤达姓名，不敢秽用也。

　　吾家巫觋祷请，绝于言议；符书章醮亦无祈焉，并汝曹所见也。勿为妖妄之费。

　　人生小幼，精神专利，长成已后，思虑散逸，固须早教，勿失机也。吾七岁时，诵《灵光殿赋》，至于今日，十年一理，犹不遗忘；二十之外，所诵经书，一月废置，便至荒芜矣。

　　吾尝患齿，摇动欲落，饮食热冷，皆苦疼痛。见《抱朴子》牢齿之法，早朝叩齿三百下为良；行之数日，即便平愈，今恒持之。此辈小术，无损于事，亦可修也。

　　吾家儿女，虽在孩稚，便渐督正之；一言讹替，以为己罪矣。云为品物，未考书记者，不敢辄名，汝曹所知也。

　　真草书迹，微须留意。江南谚云："尺牍书疏，千里面目也。"承晋、宋余俗，相与事之，故无顿狼狈者。吾幼承门业，加性爱重，所见法书亦多，而玩习功夫颇至，遂不能佳者，良由无分故也。

由于《颜氏家训》已有多个通行读本，本书没有再选录这一重要著作的任何篇目。但我们选择了一组十九世纪政治精英曾国藩（1811—1872）写给儿子的信，在信中详细描述了许多军事行动具体细节的同时，他清楚地记着，写信的对象是一位他希望能对其产生影响的家庭成员。他在信中经常提到他认为有助于儿子道德和智力发展的自身经历。

讲述与亲人的关系

人生自我的发展不是孤立的，而是在个人关系的网络中形成的——与父母、兄弟姐妹、其他亲戚、朋友、老师、同事、恋人的关系，甚至有时是与敌人的关系。因此，写下自己与亲近之人的关系的作者，可能会透露出与文章主角同样多的自己的信息。诗歌为我们提供了最丰富的关于亲人之间密切关系的资料。一个很好的例子

是中国历史上最著名的兄弟——苏轼（1037—1101）和苏
辙（1039—1112）——之间的频繁交流。苏轼在一首题为
《和子由苦寒见寄》的诗中，描述了他对苏辙的亲情以及
苏辙在他心中无与伦比的亲近地位，尽管两人成年后大部
分时间都天各一方：

> 人生不满百，一别费三年。
>
> 三年吾有几，弃掷理无还。
>
> 长恐别离中，摧我鬓与颜。
>
> 念昔喜著书，别来不成篇。
>
> 细思平时乐，乃为忧所缘。
>
> 吾从天下士，莫如与子欢。
>
> 羡子久不出，读书虱生毡。

　　虽然许多祭文和墓志是以死者为中心的，但我们也
可以将它们解读为作者的个人叙述。在本书中，韩愈为他
的侄子撰写的祭文以及韩琦为他的两个朋友撰写的祭文就
可以这样来读（第十二章）。此外，我们还收集了一位女
性纪念她的丈夫的文章和一位文人纪念他姐姐的文章（第
二十七章）。这几篇都相对较短。更广为人知的，是十七

世纪和十八世纪两位文人纪念他们所钟爱的女性的长篇大作。第一本是冒襄（1611—1693）《影梅庵忆语》，回忆他与28岁去世的姜室董小宛（董白）之间的一段爱情。另一本可以被解读为爱情回忆录的，是沈复（1763—1808?）的《浮生六记》，描述了自己与妻子陈芸的生活以及他们的许多艰辛和磨难，包括与他父母的疏远。

******

概而言之，本书收集了五十位作者的作品，共分为二十九章。最早的是西周时期的一篇简短的青铜铭文，末篇是晚清政治家、学者曾国藩在十九世纪五十年代和六十年代所写的一组书札。书中涉及的作者之中，在政治、文学或学术史上具有举足轻重地位的不超过一半，有些作者甚至未能留下姓名。女性作者的文章只有九篇，这也反映了识字率、教育程度和出版状况的现实。

我们邀请读者以任何顺序阅读这些自叙文本，因为每篇陈述都可以独立存在。不过，按时间顺序阅读也理所当然，因为这样会展现出一幅以个人为中心视角的中国历史图景，它也更能通过展示人们如何不断探索在写作中表现自己的方式来凸显文化的变迁。

延伸阅读

鲍吾刚（Wolfgang Bauer）:《前现代中国自传中的时间与永恒》（Time and Timelessness in Premodern Chinese Autobiography），收于贝格（Lutz Bieg）、蒙迪（Erling von Mende）、赛博特（Martina Siebert）编《中文与通古斯文：1995年5月2日马丁·格里姆65寿辰纪念文集》（*Ad Seres et Tungusos: Festschrift fur Martin Grimm zu seinem 65. Geburtstag am 25. Mai 1995*），威斯巴登：哈拉索威兹（Harrassowitz）出版社，2000年，第19—31页。

齐皎瀚（Jonathan Chaves）:《一石一天下：黄山和中国游记》（*Every Rock a Universe: The Yellow Mountains and Chinese Travel Writing*），浮世版（Floating World Editions）出版社，2013年。

齐皎瀚:《作为游记的诗歌：钱谦益（1582—1664）的黄山诗》（The Yellow Mountain Poems of Ch'ien Ch'ien-i [1582–1664]: Poetry as Yuchi），《哈佛亚洲研究学刊》（*Harvard Journal of Asiatic Studies*），第48卷第2期（1988年），第465—492页。

高家龙（Sherman Cochran）、谢正光（Andrew Hsieh）:《上海刘家》（*The Lius of Shanghai*），哈佛大学出版社，2013年。

米列娜（Milena Doleželová-Velingerová）、多尔泽尔（Lubomir Dolezel）:《一篇早期的中文忏悔书：沈复的〈浮世六记〉》（An Early Chinese Confessional Prose: Shen Fu's *Six Chapters*

from a Floating Life），《通报》（*T'oung Pao*）第58卷第1/5
期（1972年），第137—160页。

德赖伯格（Marjorie Dryburgh）、董莎莎（Sarah Dauncey）编：
《十七世纪以来中国关于人生的写作：难以描述的自我史》
（*Writing Lives in China，1600-2010: Histories of the Elusive
Self*），伦敦：帕尔格雷夫·麦克米伦（Palgrave MacMillan）
出版社，2013年。

杜润德（Stephen Durrant）：《作为传统交汇的自我：司马迁的自传
写作》（Self as the Intersection of Traditions: The Autobiographical
Writings of Ssu-ma Ch'ien），《美国东方学会杂志》（*Journal of
the American Oriental Society*），第106卷第1期（1986年），第
33—40页。

方秀洁（Grace S. Fong）：《自传/传记题材：作为女性生活史
来源的明清女性诗集》（Auto/biographical Subjects: Ming-
Qing Women's Poetry Collections as Sources for Women's Life
Histories），收于刘咏聪（Clara Ho）编《亦显亦隐的宝库：
中国女性史史料学论》（*Overt and Covert Treasures: Essays
on the Sources for Chinese Women's History*），香港中文大学
出版社，2012年，第369—410页。

方秀洁：《她自己为作者：明清时期的性别、能动力与书写》
（*Herself an Author: Gender, Agency, and Writing in Late
Imperial China*），夏威夷大学出版社，2009年。

方秀洁：《叙写身处外家的自我感受：洪亮吉（1764—1809）
的杂忆与忆旧诗》（Inscribing a Sense of Self in Mother's
Family: Hong Liangji's［1764-1809］Memoir and Poetry of

Remembrance），《中国文学》（*Chinese Literature: Essays, Articles, Reviews*），第27卷（2005年），第33—58页。

方秀洁：《私人感情与公开纪念：钱守璞的悼亡诗》（Private Emotion, Public Commemoration: Qian Shoupu's Poems of Mourning），《中国文学》，第30卷（2008年），第19—30页。

方秀洁、魏爱莲（Ellen Widmer）编：《跨越闺门：明清女性作家论》（*The Inner Quarters and Beyond: Women Writers from Ming Through Qing*），博睿（Brill）学术出版社，2020年。此书中译版，北京大学出版社，2014年。

管佩达（Beata Grant）：《杰出的比丘尼：十七世纪中国的女禅师》（*Eminent Nuns: Women Chan Masters of Seventeenth-Century China*），夏威夷大学出版社，2009年。

夏丽森（Alison Hardie）：《冲突的话语和冲突话语：阮大铖（约1587—1646）诗歌中的隐秘主义和田园风格》（Conflicting Discourse and the Discourse of Conflict: Eremitism and the Pastoral in the Poetry of Ruan Dacheng［c.1587–1646］），收于白岱玉（Daria Berg）编《阅读中国：小说、历史和话语动态，杜德桥教授纪念论文集》（*Reading China: Fiction, History and the Dynamics of Discourse. Essays in Honour of Professor Glen Dudbridge*），博睿学术出版社，2007年，第111—146页。

侯格睿（Grant Hardy）：《青铜与竹简的世界：司马迁对历史的征服》（*Worlds of Bronze and Bamboo: Sima Qian's Conquest of History*），哥伦比亚大学出版社，1999年。此书中译版，丁波译，谢伟杰审校，商务印书馆，2022年。

何瞻（James M. Hargett）:《玉山丹池：中国传统游记文学》（*Jade Mountains and Cinnabar Pools: The History of Travel Literature in Imperial China*），华盛顿大学出版社，2018年。此书中译版，冯乃希译，上海人民出版社，2021年。

柯霖（Colin S. C. Hawes）:《北宋中期诗歌之社会流传：情感能量与文人自我修养》（*The Social Circulation of Poetry in the Mid-Northern Song: Emotional Energy and Literati Self-Cultivation*），纽约州立大学出版社，2005年。

刘咏聪（Clara Ho）编:《亦显亦隐的宝库：中国女性史史料学论》（*Overt and Covert Treasures: Essays on the Sources for Chinese Women's History*），香港中文大学出版社，2012年。

侯思孟（Donald Holzman）:《诗歌与政治：阮籍的生平与著作》（*Poetry and Politics: The Life and Works of Juan Chi, AD 210–63*），剑桥大学出版社，1976年。

黄卫总（Matin W. Huang）:《文人和自我的再呈现：十八世纪中国长篇小说中的自传倾向》（*Literati and Self-Re/presentation: Autobiographical Sensibility in the Eighteenth-Century China Novel*），斯坦福大学出版社，1995年。

伊维德（Wilt L. Idema）:《薄少君百首哭夫诗中的自传与传记性质》（*The Biographical and the Autobiographical in Bo Shaojun's One Hundred Poems Lamenting My Husband*），收于季家珍（Joan Judge）、胡缨（Hu Ying）编《重读中国女性生命故事》（*Beyond Exemplar Tales: Women's Biography in Chinese History*），加利福尼亚大学出版社，2011年，第230—245页。

季家珍（Joan Judge）、胡缨（Hu Ying）编：《重读中国女性生命故事》（*Beyond Exemplar Tales: Women's Biography in Chinese History*），加利福尼亚大学出版社，2011年。此书中译版，游鉴明、胡缨、季家珍主编，江苏人民出版社，2012年。

金漪妮（Elizabeth Kindall）：《一个孝子的地理叙事：黄向坚（1609—1673）的绘画与旅行纪录》（*Geo-narratives of a Filial Son: The Paintings and Travel Diaries of Huang Xiangjian [1609-1673]*），哈佛大学亚洲中心，2017年。

高彦颐（Dorothy Ko）：《闺塾师：明末清初江南的才女文化》（*Teachers of the Inner Chambers: Women and Culture in Seventeenth-Century China*），斯坦福大学出版社，1994年。此书中译版，李志生译，江苏人民出版社，2005年。

李惠仪（Wai-yee Li），《明清文学中的女子与国难》（*Women and National Trauma in Late Imperial Chinese Literature*），哈佛大学亚洲中心，2014年。此书中译版，李惠仪、许明德译，上海古籍出版社，2024年（即出）。

李小荣（Xiaorong Li）：《明清女性诗歌：内闱的转化》（*Women's Poetry of Late Imperial China: Transforming the Inner Chambers*），华盛顿大学出版社，2012年。

卢苇菁（Weijing Lu）：《执子之手：清代的婚姻和伉俪情爱》（*Arranged Companions: Marriage and Intimacy in Qing China*），华盛顿大学出版社，2021年。

卢苇菁：《清代文集中有关女性亲属的个人写作》（Personal Writings on Female Relatives in the Qing Collected Works），

收于刘咏聪（Clara Ho）编《亦显亦隐的宝库：中国女性史史料学论》，香港中文大学出版社，2012年，第411—434页。

曼素恩（Susan L. Mann）：《缀珍录：十八世纪及其前后的中国妇女》（*Precious Records: Women in China's Long Eighteenth Century*），斯坦福大学出版社，1997年。此书中译版，定宜庄、颜宜葳译，江苏人民出版社。

马蒂文（Stephen McDowall）：《钱谦益的黄山反思：晚明时期的游记》（*Qian Qianyi's Reflections on Yellow Mountain: Traces of a Late-Ming Hatchet and Chisel*），香港大学出版社，2009年。

宇文所安（Stephen Owen）：《自我的完整映像：自传诗》（The Self's Perfect Mirror: Poetry as Autobiography），收于林顺夫（Shuen-fu Lin）、宇文所安编《抒情之声的活力：汉末至唐代的诗歌》（*The Vitality of the Lyric Voice: Shih Poetry from the Late Han to the Tang*），普林斯顿大学出版社，1986年，第71—102页。又见乐黛云、陈珏编选《北美中国古典文学研究名家十年文选》，江苏人民出版社，1996年，第110—137页。

宇文所安：《机智与私生活》（Wit and the Private Life），收于氏著《中国"中世纪"的终结：中唐文学文化论集》（*The End of the Chinese "Middle Ages": Essays in Mid-Tang Literary Culture*），斯坦福大学出版社，1996年，第83—106页。此书中译版，陈引驰、陈磊译，田晓菲校，生活·读书·新知三联书店，2006年。

李安琪（Antje Richter）：《中国中世纪早期的的书信与书信文化》

（ *Letters and Epistolary Culture in Early Medieval China* ），华盛顿大学出版社，2013年。

田安（Anna M Shields）：《写给逝者与生者：中唐祭文的创新》（Words for the Dead and the Living: Innovations in the Mid-Tang "Prayer Text"［Jiwen]），《唐研究》（ *Tang Studies* ），第25卷（2007年），第111—145页。

史乐民（Paul Jakov Smith）：《宋元明转型印象：来自笔记回忆录的例证》（Impressions of the Song-Yuan-Ming Transition: The Evidence from *Biji* Memoirs），收于史乐民、万志英（Richard von Glahn）编《中国历史上的宋元明转型》（ *The Song-Yuan-Ming Transition in Chinese History* ），哈佛大学亚洲中心，2003年，第71—110页。

史景迁（Jonathan Spence）：《前朝梦忆：张岱的浮华与苍凉》（ *Return to Dragon Mountain: Memories of a Late Ming Man* ），维京（Viking）出版社，2007年。此书中译版，温洽溢译，广西师范大学出版社，2010年。

司徒琳（Lynn A Struve）：《儒者的创伤：〈余生录〉的阅读》（Confucian PTSD: Reading Trauma in a Chinese Youngster's Memoir of 1653），《历史与记忆》（ *History and Memory* ），第16卷第2期（2004年），第14—31页。

司徒琳：《明亡之际的梦幻和自省：薛谐孟笔记》（Dreaming and Self-Search during the Ming Collapse: The Xue Xiemeng Biji，1642—1646），《通报》，第92卷（2007年），第159—192页。

司徒琳：《殉道者的自我挣扎：黄淳耀现存日记中的记忆、梦境与痴迷》（Self-Struggles of a Martyr: Memories, Dreams, and Obsessions in the Extant Diary of Huang Chunyao），《哈佛亚洲研究学刊》，第69卷第2期（2009年），第73—124页。

王安（Ann Waltner），《生命与书简：对昙阳子之再思》（Life and Letters: Reflections on Tanyangzi），收于季家珍、胡缨编《重读中国女性生命故事》，加利福尼亚大学出版社，2011年，第212—219页。

王燕宁（Yanning Wang）：《幻想与现实：明清女性纪游诗》（*Reverie and Reality: Poetry on Travel by Late Imperial Chinese Women*），列克星敦出版社（Lexington Books），2013年。

温马修（Matthew Wells）：《死而不朽：早期中国自传与长生思想》（*To Die and Not Decay: Autobiography and the Pursuit of Immortality in Early China*），美国亚洲研究协会，2009年。

魏爱莲（Ellen Widmer）：《清代中期江南的女性传记作家》（Women as Biographers in Mid-Qing Jiangnan），收于季家珍、胡缨编《重读中国女性生命故事》，加利福尼亚大学出版社，2011年，第246—261页。

魏爱莲、孙康宜（Kang-i Sun Chang）编：《明清女作家》（*Writing Women in Late Imperial China*），斯坦福大学出版社，1997年。

芮根斯（Sally Hovey Wriggins）：《玄奘丝路行》（*The Silk Road Journey with Xuanzang*）修订版，西景（Westview）出版社，2004年。

吴百益（Wu Pei-yi）：《统中国的自省与悔过》（Self-Examination and Confession of Sins in Traditional China），《哈佛亚洲研究

学刊》，第39卷第1期（1979年），第5—38页。

吴百益：《儒者的历程：传统中国的自传书写》（*The Confucian's Progress: Autobiographical Writings in Traditional China*），普林斯顿大学出版社，1989年。

张聪（Cong Ellen Zhang）:《行万里路：宋代的旅行与文化》（*Transformative Journeys: Travel and Culture in Song China*），夏威夷大学出版社，2010年。此书中译版，李文锋译，浙江大学出版社，2015年。

第一章

一位儿子对母亲的敬意

——西周青铜器铭文

这篇公元前十世纪的青铜器铭文，讲述了一场成功击退戎族部落的战役。指挥这场战役的将领凿为他的母亲铸器，感谢她的指引和庇护。

导读

自古以来，祖先崇拜是中国宗教实践的中心内容之一。在商朝，取悦祖先和寻求祖先旨意主导着商朝社会的方方面面；商王室的男女祖先也都有一个单独的祭祀日。至周朝，随着父系制的确立，对女性祖先的关注渐趋淡化。在商朝对母亲的祭祀中，97%是单独祭祀，而西周时期，这一数字下降到了64%。到了汉代，女性祖先则很少被单独祭祀。

《𫘤簋》是商周时期献给母亲的最长铭文之一。作者𫘤称，他制作这个铜器的目的是"夙夜尊享孝于厥文母"，这证明了孝道的理念在公元前十世纪已经牢固确立。虽然女性在祖先崇拜中的重要性逐渐下降，但是，生动体现于这篇铭文中的孝敬母亲的道德准则在中国历史上一直存在。

《𫘤簋》也可以作为一篇自叙来读。𫘤不仅告诉我们他这一场战争的日期、地点、敌军的势力和武器，还告诉我们他对打仗的感受。从战利品清单中，我们可以了解到周朝与邻国之间的敌意、战争规模、所涉及的武器类型，以及对死者和俘虏的处置。当时，战争的胜者往往会将被杀者的头颅带回来，在祭拜仪式上呈献给祖先，许多俘虏也会成为这些仪式的祭祀品。

原文

𫘤　簋

唯六月初吉乙酉，在堂师，戎伐𫿩。𫘤率有司、师氏奔追御戎于域林，搏戎𫘤。朕文母竞敏𧵩行，休宕厥心，

夔簋

永袭厥身，俾克厥敌，获馘百，执讯二夫，俘戎兵；盾、矛、戈、弓、箙、矢、裨、胄，凡百又卅又五款，将戎俘人百又十又四人。卒搏，无戵于戥身。乃子戥拜稽首，对扬文母福烈，用作文母日庚宝尊簋，俾乃子戥万年，用夙夜尊享孝于厥文母，其子子孙孙永宝。[1]

延伸阅读

白瑞旭（K. E. Brashier）：《早期中国的先祖记忆》（*Ancestral Memory in Early China*），哈佛大学亚洲中心，2011年。

李峰（Li Feng）：《早期中国：社会与文化史》（*Early China: A Social and Cultural History*），剑桥大学出版社，2013年。此书中译版，刘晓霞译，生活·读书·新知三联书店，2022年。

罗思文（Henry Rosemont）、安乐哲（Roger T. Ames）：《生民之本：〈孝经〉的哲学诠释及英译》（*The Chinese Classic of Family Reverence: A Philosophical Translation of the Xiaojing*），夏威夷大学出版社，2009年。

周轶群（Yiqun Zhou）：《母亲在上古丧制中的地位》（The Status of Mothers in the Early Chinese Mourning System），《通报》，第99卷第1—3期（2013年），第1—52页。

---

[1]　吴镇烽编著：《商周青铜器铭文暨图像集成》第12卷，上海古籍出版社，2012年，第159页。

第二章

罪 与 罚

——四件案例中的个人证词

这些意外存留下来的案件记录是地方小吏写下的涉案人员的证词，它们反映了秦汉时期普通百姓的生活。

导读

在古代中国，涉及法律纠纷的当事人都会被给予机会为自己辩护，即使他们只是平头百姓。受害者、证人和被告会口头陈述所发生的事情，办案的官吏必须对他们的口供作书面记录，这种记录偶尔会被保存下来。可以想象，在这些证词中，一定会有一些是逼供的产物，但这些幸存的例子至少让我们得以瞥见那些不具备写作能力的人是如何向他人展现自己的。

现存最早的案例记录可追溯到秦汉时期。虽然汉代摈弃了秦朝基于法家理论的严刑峻法，但它保留了大部分秦朝的法律制度。可依法惩处的犯罪包括不道德行为、盗窃、人身伤害和无视政府权力等。惩罚的方式包括流放、苦役、鞭打、阉割和死刑等。汉律循秦制，允许贵族、官员和他们的家庭成员通过放弃官职或财产来减轻处罚。二十世纪下半叶出土的法律文件表明，这两个朝代的法律程序都已经非常精密繁复，以确保整个判决过程有全面的审核。

本章选择了四个案例中当事人的口供记录。前三个案例来自湖北睡虎地秦墓竹简《封诊式》，此批竹简共记载了23个案子，它们是案件审理的典例。这些文书记录了原告、被告和调查人员的个人叙述。它们显示，到了秦朝，孝道已经被视为至关重要的道德准则，以至于当父亲投诉儿子不孝时，儿子会受到严厉的惩罚。此外，它们还显示，秦朝妇女有权力以自己的身份报案起诉。

第四份文件来自《奏谳书》，这是1983年在湖北张家山一位汉代官员的墓中发现的一份竹简文书。这批竹简包含了21个法律案件，时间跨度为公元前246年至公元前

196年。这篇《胡状、丞憙敢谳案》显示，在汉初，一套周密的、旨在维护婚姻制度的法律程序就已经存在，并运行操作了。

原文

睡虎地秦简中的三篇个人陈述

1. 瘚（迁）子

爰书：某里士五（伍）甲告曰："谒鋈甲亲子同里士五（伍）丙足，瘚（迁）蜀边县，令终身毋得去瘚（迁）所，敢告。"告法（废）丘主：士五（伍）咸阳才（在）某里曰丙，坐父甲谒鋈其足，瘚（迁）蜀边县，令终身毋得去瘚（迁）所论之，瘚（迁）丙如甲告，以律包。今鋈丙足，令吏徒将传及恒书一封诣令史，可受代吏徒，以县次传诣成都，成都上恒书太守处，以律食。法（废）丘已传，为报，敢告主。[1]

---

[1]　睡虎地秦墓竹简整理小组编《睡虎地秦墓竹简》，文物出版社，1978年，第261—262页。

张家山汉墓竹简二四七号墓

2. 告子

爰书：某里士五（伍）甲告曰："甲亲子同里士五（伍）丙不孝，谒杀，敢告。"即令令史己往执。令史己爰书：与牢隶臣某执丙，得某室。丞某讯丙，辞曰："甲亲子，诚不孝甲所，毋（无）它坐罪。"[1]

3. 出子

爰书：某里士五（伍）妻甲告曰："甲怀子六月矣，自昼与同里大女子丙斗，甲与丙相捽，丙偾庰甲。里人公士丁救，别丙、甲。甲到室即病复（腹）痛，自宵子变出。今甲裹把子来诣自告，告丙。"即令令史某往执丙。即诊婴儿男女、生发及保之状。有（又）令隶妾数字者，诊甲前血出及痈状。有（又）讯甲室人甲到室居处及复（腹）痛子出状。丞乙爰书：令令史某、隶臣某诊甲所诣子，已前以布巾裹，如衉（衃）血状，大如手，不可智（知）子。即置盘水中摇（摇）之，衉（衃）血子殴（也）。其头、身、臂、手指、股以下到足、足指类人，而不可智（知）目、耳、鼻、男女。出水中有（又）衉（衃）血状。● 其

---

[1]　睡虎地秦墓竹简整理小组编《睡虎地秦墓竹简》，文物出版社，1978年，第263页。

一式曰：令隶妾数字者某某诊甲，皆言甲前旁有干血，今尚血出而少，非朔事殹（也）。某赏（尝）怀子而变，其前及血出如甲□。[1]

张家山竹简中的个人陈述

胡状、丞憙敢谳案

十年七月辛卯朔癸巳，胡状、丞憙敢谳之。刻（劾）曰：临菑（淄）狱史阑令女子南冠缴（缟）冠，详（佯）病卧车中，袭大夫虞传，以阑出关。● 今阑曰：南齐国族田氏，徙处长安，阑送行，取（娶）为妻，与偕归临菑（淄），未出关，得，它如刻（劾）。● 南言如刻（劾）及阑。● 诘阑：阑非当得取（娶）南为妻也，而取（娶）以为妻，与偕归临菑（淄），是阑来诱及奸，南亡之诸侯，阑匿之也，何解？阑曰：来送南而取（娶）为妻，非来诱也。吏以为奸及匿南，罪，毋解。● 诘阑：律所以禁从诸侯来诱者，令它国毋得取（娶）它国人也。阑虽不故来，

---

[1]　睡虎地秦墓竹简整理小组编《睡虎地秦墓竹简》，文物出版社，1978年，第274—275页。

而实诱汉民之齐国，即从诸侯来诱也，何解？阑曰：罪，毋解。● 问，如辞。● 鞫（鞫）：阑送南，取（娶）以为妻，与偕归临菑（淄），未出关，得，审。疑阑罪，系，它县论，敢谳之。● 人婢清助赵邯郸城，已即亡，从兄赵地，以亡之诸侯论。今阑来送徙者，即诱南。● 吏议：阑与清同类，当以从诸侯来诱论。● 或曰：当以奸及匿黥舂罪论。

十年八月庚申朔癸亥，大（太）仆不害行廷尉事，谓胡啬夫谳狱史阑，谳固有审，廷以闻，阑当黥为城旦，它如律令。[1]

延伸阅读

李安敦（Anthony J Barbieri-Low）、叶山（Robin D. S. Yates）：《早期帝制中国的法律、国家和社会：张家山第二四七号墓出土律令文献研究及释译》（ *Law, State, and Society in Early Imperial China: A Study with Critical Edition and Translation of the Legal Texts from Zhangjiashan Tomb no. 247* ），博睿学术出版社，2015年。

---

[1] 张家山二四七号汉墓竹简整理小组编著：《张家山汉墓竹简（二四七号墓）》，文物出版社，2006年，第93页。

陈力强（Charles Sanft）:《秦朝和西汉的法律与传播》(Law and Communication in Qin and Western Han China），《东方经济与社会史学刊》(*Journal of the Economic and Social History of the Orient*），第53卷第5期（2010年），第679—711页。

谢藏（Armin Selbitschka）:《我写故我在：早期中国的"史"、识字能力及身份认同》("I Write Therefore I Am": Scribes, Literacy, and Identity in Early China），《哈佛亚洲研究学刊》，第78卷第2期（2018年），第413—476页。

第三章

一位汉代皇帝接受指责
——汉武帝的罪己诏

汉武帝在《轮台诏》中回顾了自己在中亚地区讨伐匈奴策略上的失误。这篇诏文被认为是中国历史上最早的罪己诏。

导读

汉武帝是中国历史上在位时间最长的皇帝之一。他发起了一系列扩张领土的战役,汉朝的军队东征朝鲜,南及越南,西至中亚。然而在晚年时,他似乎改变了主意。公元前89年,他发布了《轮台诏》,拒绝官员们关于在轮台屯军的建议。在这篇罪己诏中,汉武帝表示对近期的军事失败负责，并将将士们因此而遭受的痛苦归咎于自己。

《轮台诏》为统治者在政策失败或发生自然灾害时主动承担责任开了先例，不过，罪己诏通常也被认为是平息指责的一种手段。在汉代，有记录的罪己诏多达八十二篇，尽管这些文件大多是由朝廷中的官员起草的，但在位的皇帝必然同意其措辞。由于武帝的《轮台诏》是最早的罪己诏，所以后人往往想象它是武帝真实感情的表达。值得一提的是，也有一些学者认为，《轮台诏》反映了武帝晚年转向道教的倾向。

原文

轮 台 诏

汉武帝

前有司奏，欲益民赋三十助边用，是重困老弱孤独也。而今又请遣卒田轮台。轮台西于车师千余里，前开陵侯击车师时，危须、尉犁、楼兰六国子弟在京师者皆先归，发畜食迎汉军，又自发兵，凡数万人，王各自将，共围车师，降其王。诸国兵便罢，力不能复至道上食汉军。

汉军破城，食至多，然士自载不足以竟师，强者尽食畜产，羸者道死数千人。朕发酒泉驴、橐驼负食，出玉门迎军。吏卒起张掖，不甚远，然尚厮留其众。

曩者，朕之不明，以军候弘上书言"匈奴缚马前后足，置城下，驰言'秦人，我匄若马'"，又汉使者久留不还，故兴（师）遣贰师将军，欲以为使者威重也。古者卿大夫与谋，参以蓍龟，不吉不行。乃者以缚马书遍视丞相、御史、二千石、诸大夫、郎为文学者，乃至郡属国都尉成忠、赵破奴等，皆以"虏自缚其马，不祥甚哉"，或以为"欲以见强，夫不足者视人有余"。

《易》之，卦得《大过》，爻在九五，匈奴困败。公车方士、太史治星望气，及太卜龟蓍，皆以为吉，匈奴必破，时不可再得也。又曰："北伐行将，于鬴山必克。"卦诸将，贰师最吉。故朕亲发贰师下鬴山，诏之必毋深入。今计谋卦兆皆反缪。重合侯（毋）〔得〕虏候者，言："闻汉军当来，匈奴使巫埋羊牛所出诸道及水上以诅军。单于遗天子马裘，常使巫祝之。缚马者，诅军事也。"又卜"汉军一将不吉"。匈奴常言："汉极大，然不能饥渴，失一狼，走千羊。"乃者贰师败，军士死略离散，悲痛常在朕心。

　　今请远田轮台，欲起亭隧，是扰劳天下，非所以优民也。今朕不忍闻。大鸿胪等又议，欲募囚徒送匈奴使者，明封侯之赏以报忿，五伯所弗能为也。且匈奴得汉降者，常提掖搜索，问以所闻。今边塞未正，阑出不禁，障候长吏使卒猎兽，以皮肉为利，卒苦而烽火乏，失亦上集不得，后降者来，若捕生口虏，乃知之。当今务在禁苛暴，止擅赋，力本农，修马复令，以补缺，毋乏武备而已。郡国二千石各上进畜马方略补边状，与计对。[1]

延伸阅读

陈博（Chen Bo）、吉迪（Gideon Shelach）：《汉帝国北部边疆的设立及治理系统》（Fortified Settlements and the Settlement System in the Northern Zone of the Han Empire），《古物》（Antiquity），第88卷（2014年），第222—240页。

蔡亮（Liang Cai）：《巫蛊之乱与儒家帝国的兴起》（Witchcraft and the Rise of the First Confucian Empire），纽约州立大学出版社，2014年。

秦大伦（Tamara T. Chin）：《野蛮交换：汉帝国主义、中国文学

---

[1]（汉）班固著，（唐）颜师古注《汉书》，卷96《西域传》，中华书局，1962年，第3913—3914页。

风格和经济想象力》(*Savage Exchange: Han Imperialism, Chinese Literary Style, and the Economic Imagination*),哈佛大学亚洲中心,2014年。

狄宇宙(Nicola Di Cosmo):《古代中国与其强邻:东亚历史上游牧力量的兴起》(*Ancient China and Its Enemies: The Rise of Nomadic Power in East Asian History*),剑桥大学出版社,2002年。此书中译版,贺严、高书文译,中国社会科学出版社,2010年。

第四章

家书抵万金

——三封普通人的信

这三封早期私人信件揭示了远离家乡的普通人的生活点滴和他们的担忧。

导读

当人们长久离家，他们自然会想念家人，渴望得到他们的消息。这种分离在古代中国的历史中并不罕见。秦汉帝国幅员辽阔，两朝都实行普遍征兵制，这意味着许多男性会长期背井离乡。此外，远嫁的女性也会通过书信来往与娘家保持联系。

在这一章里，我们将介绍几封偶然保存下来的普通人的家信。虽然这些信件并不完整，以至我们今天在释读时会产生疑惑和不解，但我们仍然可以从中了解到很多东西。在湖北云梦秦墓中发现的木牍信《黑夫、惊与中、母书》，通常被认为是现存最早的"家书"。汉代的《政与幼卿、君明书》和九至十世纪的《二娘子家书》则是在敦煌石窟中发现的帛书文献。这些信读来都像是一篇篇自叙，因为它们揭示了写信人与其家人、家乡朋友和邻居之间的密切情感联系，以及他们离开家乡后的经历。

在第一封信中，黑夫和惊两兄弟随秦军出征楚地，但他们的军需物资似乎很紧缺，士兵们经常缺钱。第二封信的作者政似乎很沮丧，因为他在一个偏僻的地方驻扎了五年多，却没有任何调职或晋升的希望。第三封信的作者二娘似乎被她在东都看到各种丝绸迷住了。这些信件提醒我们，虽然平民百姓可能没有留下诗歌或旅行日记，但他们的信件给历史学家提供了再现他们生活的方方面面的好素材。

原文

黑夫、惊与中、母书

二月辛巳，黑夫、惊敢再拜问中、母毋恙也？黑夫、

黑夫、惊与中、母书

惊毋恙也。前日黑夫与惊别，今复会矣。黑夫寄乞就书曰：遗黑夫钱，毋操夏衣来。今书节（即）到，母视安陆丝布贱可以为禅襦、襦者，母必为之，令与钱偕来。其丝布贵，徒操钱来，黑夫自以布此。黑夫等直佐淮阳，攻反城，久（疾）伤未可智（知）也。愿母遗黑夫用勿少。书到，皆为报。报必言相家爵来未来，告黑夫其未来状。闻王得苟得毋恙也？辞相家爵不也？书衣之南军毋……王得不也？

为黑夫、惊多问姑姊、康乐季须（嬃）、故术长姑外内……毋恙也？

为黑夫、惊多问东室季须（嬃）苟得毋恙也？

为黑夫、惊多问婴汜季事可（何）如？定不定？

为黑夫、惊多问夕阳吕婴、匜里阎诤丈人得毋恙也。婴、诤皆毋恙也，毋钱用、衣矣。

惊多问新负（妇）、嬃得毋恙也？新负（妇）勉力视瞻丈人，毋与□□□。垣柏未智（知）归时。新负（妇）勉力也。[1]

---

[1]　陈伟主编，彭浩、刘乐贤等撰著《秦简牍合集·释文注释修订本》，武汉大学出版社，2016年，第贰册，第592页。

政与幼卿、君明书

政伏地再拜言：

幼卿、君明足下，毋恙。久不明相见。夏时，政伏地愿幼卿、君明适衣进食，察郡事。政居成乐五岁余，未得迁。道里远辟，回往来希，官薄身贱，书不通。叩头叩头。因同吏郎，今迁为敦煌鱼泽候守丞王子方。政叩头，愿幼卿幸为存请。□君倩不曾御，不北边居，归未有奉奏。叩头叩头。大守任君，正月中病，不幸死。大守□□□猛。政得长奉闻幼卿、君明严教，舍中诸子毋恙，政幸甚。谨因□幼卿、君明足下，因请长实、子仲、少实诸弟。[1]

二娘子家书

……一离日久，思恋尤深。耐（奈）烟水以阻隔……

---

[1] 中国简牍集成编辑委员会编《中国简牍集成（标注本）》，第三册甘肃省卷上，敦煌文艺出版社，2001年，第258页。

期，空深瞻暮（慕）之至！季夏极热，伏惟……尊体起居万福，即同二娘子荣侍。外……不审别后尊体何似，伏惟顺时倍加保重，愚情祝望。二娘子自离彼处，至今年闰三月七日，平善与天使司空一行到东京。目下并得安乐，不用远忧。今则节届炎毒，更望阿娘、彼中骨肉，各好将息，为茶饭，煞好将息，莫忧二娘子在此。今寄红锦一角子，是团锦，与阿姊充信，素紫罗裹肚一条，亦与阿姊；白绫半匹，与阿娘充信。比拟剩寄物色去，恐为不达，未敢寄附，莫怪微少。今因信次，谨奉状起居。不备。女二娘子状拜上阿娘下前　六月廿一日。

通询末厮、裹（怀）珠外甥，计得安乐。今寄团窠红锦两角、小镜子一个，与外甥收取充信。[1]

延伸阅读

李安琪（Antje Richter）:《中国中世纪早期的书信与书信文化》（*Letters and Epistolary Culture in Early Medieval China*），华盛顿大学出版社，2013年。

---

[1]　李正宇《安徽省博物馆藏敦煌遗书〈二娘子家书〉》,《敦煌研究》，2001年第3期，第91页。

李安琪编：《中国的书信和书信文化史》（*A History of Chinese Letters and Epistolary Culture*），博睿学术出版社，2015年。

荣新江《敦煌学十八讲》，北京大学出版社，2001年。此书英译版，高奕睿（Imre Gralambos）译，博睿学术出版社，2013年。

陈力强（Charles Sanft）：《早期帝制中国的文化群体》（*Literate Community in Early Imperial China*），纽约州立大学出版社，2019年。

第五章

一位自然哲学家的回忆

——王充的《论衡》末章《自纪》

公元88年前后，哲学家王充在他的哲学著作中加入了一份关于自己生平的文章。

导读

中国历史上早期的自传作品中，有一篇出自王充（27—约97）之手，它是作者分析自然现象的名著《论衡》的最后一章。王充是一位极具独创性的思想家，他拒绝接受在汉代学者中非常流行并深受朝廷青睐的"天人合一"理论中的一些基本观点。他否认鬼魂的存在，嘲讽那些相信鬼怪和超自然力量的普通百姓，他对谎言深恶痛疾，因此他的写作具有一种反传统和好斗的风格。

　　王充一生中结下了不少仇敌，在他死后的几个世纪里也陆续出现了一长串的批评者。然而，二十世纪的西方学者从他的怀疑论中看到了科学思维的先兆，而新中国政府也非常欣赏他对宇宙起源的唯物主义解释，因为它与马克思主义唯物论遥相呼应。

　　从《后汉书》的《王充传》中，我们得知，王充出生于浙江上虞的细族孤门，成年后就读于洛阳的太学，师从著名儒学史学家班彪（3—53）。据史书记载，在洛阳期间，王充经常站在书摊边阅读。他也曾担任过一官半职，但由于对上司的好斗态度和对同事的冷漠，他的仕途并不顺利。王充晚年对道家的"气"的理论和延年益寿方法非常感兴趣，他很希望能活得足够长，以完成传播他关于宇宙的"公正"评估的使命。

原文

论衡·自纪（节选）

王　充

　　王充者，会稽上虞人也，字仲任。其先本魏郡元城，一姓孙。一几世尝从军有功，封会稽阳亭。一岁仓卒国绝，因家焉，以农桑为业。世祖勇任气，卒咸不揍于人。岁凶，横道伤杀，怨仇众多。会世扰乱，恐为怨仇所擒，祖父汎举家担载，就安会稽，留钱唐县，以贾贩为事。生子二人，长曰蒙，少曰诵，诵即充父。祖世任气，至蒙、诵滋甚，故蒙、诵在钱唐，勇势凌人，末复与豪家丁伯等结怨，举家徙处上虞。

建武三年，充生。为小儿，与侪伦遨戏，不好狎侮。侪伦好掩雀、捕蝉、戏钱、林熙，充独不肯。诵奇之。六岁教书，恭愿仁顺，礼敬具备，矜庄寂寥，有巨人之志。父未尝笞，母未尝非，闾里未尝让。八岁出于书馆。书馆小僮百人以上，皆以过失祖谪，或以书丑得鞭。充书日进，又无过失。手书既成，辞师，受《论语》《尚书》，日讽千字。经明德就，谢师而专门，援笔而众奇。所读文书，亦日博多。才高而不尚苟作，口辩而不好谈对。非其人，终日不言。其论说始若诡于众，极听其终，众乃是之。以笔著文，亦如此焉；操行事上，亦如此焉。

在县位至掾功曹，在都尉府位亦掾功曹，在太守为列掾五官功曹行事，入州为从事。不好徼名于世，不为利害见将。常言人长，希言人短。专荐未达，解已进者过。及所不善，亦弗誉；有过不解，亦弗复陷。能释人之大过，亦悲夫人之细非。好自周，不肯自彰。勉以行操为基，耻以材能为名。众会乎坐，不问不言；赐见君将，不及不对。在乡里，慕蘧伯玉之节；在朝廷，贪史子鱼之行。见污伤，不肯自明；位不进，亦不怀恨。贫无一亩庇身，志佚于王公；贱无斗石之秩，意若食万钟。得官不欣，失位不恨。处逸乐而欲不放，居贫苦而志不倦。淫读古文，甘闻异言。世书俗说，多所不安，幽处独居，考论实虚。

充为人清重，游必择友，不好苟交。所友位虽微卑，年虽幼稚，行苟离俗，必与之友。好杰友雅徒，不泛结俗材。俗材因其微过，蜚条陷之，然终不自明，亦不非怨其人。或曰："有良材奇文，无罪见陷，胡不自陈？羊胜之徒，摩口膏舌；邹阳自明，入狱复出。苟有全完之行，不宜为人所缺；既耐勉自伸，不宜为人所屈。"答曰：不清不见尘，不高不见危，不广不见削，不盈不见亏。士兹多口，为人所陷，盖亦其宜。好进故自明，憎退故自陈。吾无好憎，故默无言。羊胜为谗，或使之也；邹阳得免，或拔之也。孔子称命，孟子言天，吉凶安危，不在于人。昔人见之，故归之于命，委之于时，浩然恬忽，无所怨尤。福至不谓己所得，祸到不谓己所为。故时进意不为丰，时退志不为亏。不嫌亏以求盈，不违险以趋平；不鬻智以干禄，不辞爵以吊名；不贪进以自明，不恶退以怨人。同安危而齐死生，钧吉凶而一败成，遭十羊胜，谓之无伤。动归于天，故不自明。

充性恬淡，不贪富贵。为上所知，拔擢越次，不慕高官；不为上所知，贬黜抑屈，不恚下位。比为县吏，无所择避。或曰："心难而行易，好友同志，仕不择地，浊操伤行，世何效放？"答曰：可效放者，莫过孔子。孔子之仕，无所避矣。为乘田委吏，无怴邑之心；为司空相国，无说豫之色。舜耕历山，若终不免；及受尧禅，若卒自得。忧德之不丰，不患爵之不尊；耻名之不白，不恶位之不迁。垂棘与瓦同椟，明月与砾同囊，苟有二宝之质，不害为世所同。世能知善，虽贱犹显；不能别白，虽尊犹辱。处卑与尊齐操，位贱与贵比德，斯可矣。

俗性贪进忽退，收成弃败。充升擢在位之时，众人蚁附；废退穷居，旧故叛去。志俗人之寡恩，故闲居作《讥俗》《节义》十二篇。冀俗人观书而自觉，故直露其文，集以俗言。或谴谓之浅。答曰：以圣典而示小雅，以雅言而说丘野，不得所晓，无不逆者。故苏秦精说于赵，而李兑不说；商鞅以王说秦，而孝公不用。夫不得心意所欲，虽尽尧、舜之言，犹饮牛以酒，啖马以脯也。故鸿丽深懿之言，关于大而不通于小。不得已而强听，入胸者少。孔子失马于野，野人闭不与，子贡妙称而怒，马圉谐说而懿。俗晓形露之言，勉以深鸿之文，犹和神仙之药以治瓶咳，制貂狐之裘以取薪菜也。且礼有所不俱，事有所不须。断决知辜，不必皋陶；调和葵韭，不俟狄牙。闾巷之乐，不用《韶》《武》；里母之祀，不待太牢。既有不须，而又不宜。牛刀割鸡，舒戟采葵。铁钺裁箸，盆盎酌卮，大小失宜，善之者希。何以为辩？喻深以浅。何以为智？喻难以易。贤圣铨材之所宜，故文能为深浅之差。

　　充既疾俗情，作《讥俗》之书；又闵人君之政，徒欲治人，不得其宜，不晓其务，愁精苦思，不睹所趋，故作《政务》之书；又伤伪书俗文多不实诚，故为《论衡》之书。夫贤圣殁而大义分，蹉跎殊趋，各自开门。通人观览，不能钉铨。遥闻传授，笔写耳取，在百岁之前。历日弥久，以为昔古之事，所言近是，信之入骨，不可自解，故作实论。其文盛，其辩争，浮华虚伪之语，莫不澄定。没华虚之文，存敦庞之朴，拨流失之风，反宓戏之俗。

　　……

　　充仕数不耦，而徒著书自纪。或戏曰："所贵鸿材者，仕宦耦合，身容说纳，事得功立，故为高也。今吾子涉世落魄，仕数黜斥。材未练于事，力未尽于职，故徒幽思属文，著记美言，何补于身？众多欲以何趋乎？"答曰：材鸿莫过孔子。孔子才不容，斥逐，伐树，接淅，见围，削迹，困饿陈、蔡，门徒菜色。今吾材不逮孔子，不偶之厄，未与之等，偏可轻乎？且达者未必知，穷者未必愚。遇者则得，不遇失之。故夫命厚禄善，庸人尊显；命薄禄恶，奇俊落魄。必以偶合称材量德，则夫专城食土者，材贤孔、墨。身贵而名贱，则居洁而行墨，食千钟之禄，无一长之德，乃可戏也。若夫德高而名白，官卑而禄泊，非才能之过，未足以为累也。士愿与宪共庐，不慕与赐同衡；乐与夷俱旅，不贪与跖比迹。高士所贵，不与俗均，故其名称不与世同。身与草木俱朽，声与日月并彰，行与孔子比穷，文与扬雄为双，吾荣之。身通而知困，官大而德细，于彼为荣，于我为累。偶合容说，身尊体佚，百载之后，与物俱殁。名不流于一嗣，文不遗于一札，官虽倾仓，文德不丰，非吾所臧。德汪濊而渊懿，知澒沛而盈溢，笔泷漉而雨集，言溶（潏）潝而泉出，富材羡知，贵行尊志，体列于一世，名传于千载，乃吾所谓异也。

充细族孤门。或啁之曰："宗祖无淑懿之基，文墨无篇籍之遗，虽著鸿丽之论，无所禀阶，终不为高。夫气无渐而卒至曰变，物无类而妄生曰异，不常有而忽见曰妖，诡于众而突出曰怪。吾子何祖，其先不载。况未尝履墨涂，出儒门，吐论数千万言，宜为妖变，安得宝斯文而多贤？"答曰：鸟无世凤皇，兽无种麒麟，人无祖圣贤，物无常嘉珍。才高见屈，遭时而然。士贵故孤兴，物贵故独产。文孰常在，有以放贤。是则澧（醴）泉有故源，而嘉禾有旧根也。屈奇之士见，倜傥之辞生，度不与俗协，庸角（甬）不能程。是故罕发之迹，记于牒籍；希出之物，勒于鼎铭。五帝不一世而起，伊、望不同家而出。千里殊迹，百载异发。士贵雅材而慎兴，不因高据以显达。母骊犊骍，无害牺牲；祖浊裔清，不榜奇人。鲧恶禹圣，叟顽舜神。伯牛寝疾，仲弓洁全。颜路庸固，回杰超伦。孔、墨祖愚，丘、翟圣贤。杨家不通，卓有子云；桓氏稽可，遹出君山。更禀于元，故能著文。

　　充以元和三年，徙家辟[难]，诣扬州部丹阳、九江、庐江，后入为治中。材小任大，职在刺割。笔札之思，历年寝废。章和二年，罢州家居。年渐七十，时可悬舆。仕路隔绝，志穷无如。事有否然，身有利害。发白齿落，日月逾迈。俦伦弥索，鲜所恃赖。贫无供养，志不娱快。历

数典册，庚辛域际，虽惧终徂，愚犹沛沛，乃作《养性》
之书，凡十六篇。养气自守，适食则酒。闭明塞聪，爱精
自保。适辅服药引导，庶冀性命可延，斯须不老。既晚无
还，垂书示后。惟人性命，长短有期，人亦虫物，生死
一时。年历但记，孰使留之？犹入黄泉，消为土灰。上自
黄、唐，下臻秦、汉而来，折衷以圣道，桥理于通材，如
衡之平，如鉴之开。幼老生死古今，罔不详该。命以不
延，吁叹悲哉！[1]

延伸阅读

董慕达（Miranda Brown）、蓝悟非（Uffe Bergeton）：《圣人之
　　"见"：有关早期中国身份和观念的三个探索》（"Seeing"
　　Like a Sage: Three Takes on Identity and Perception in Early
　　China），《中国哲学杂志》（Journal of Chinese Philosophy），
　　第35卷第4期（2008年），第641—662页。

齐思敏（Mark Csikszentmihalyi）：《汉文思想解读》（Readings in
　　Han Chinese Thought），哈克特（Hackett）出版社，2005年。

鲁唯一（Michael Loewe）：《汉代的信仰、神话和理性》（Chinese

---

[1]（汉）王充著，刘盼遂集解《论衡集解》，古籍出版社，1957年，第
579—592页。

Ideas of Life and Death: Faith, Myth and Reason in the Han Period〔*202 BC–AD 220*〕），乔治·艾伦与昂温（George Allen and Unwin）出版社，1982年。此书中译版，王浩译，北京大学出版社，2009年。

（汉）王充著，佛尔克（Alfred Forke）译《论衡》（*Lun-Heng: Philosophical Essays of Wang Ch'ung*），佳作书局（Paragon Book Gallery），1962年。

第六章

一位父亲写给儿子的信

——郑玄的《诫子书》

一封汉代儒学家写给儿子的信，它既具有自传性质，又可作为家训阅读。

导读

郑玄（127—200）是中国历史上最有成就的经学家之一。他出生于一个贫寒家庭，因学习勤奋而得进入太学，专心攻读古文经和今文经。多年后，郑玄因党锢之祸而被禁锢，遂致力于撰写经籍注疏。他的注疏综合了今文经学和古文经学的诠释，成为历代文人学士研读儒家经典的不可或缺的一部分。

　　这封信是郑玄在七十岁时撰写的，学者们认为这是中国历史上第一封合自传和家训为一的书信。郑玄在详述自己的生活经历时强调，他毕生的目标是"述先圣之元意"，"整百家之不齐"。郑玄对儿子的训诫还涉及家庭伦理、家庭管理和家庭传统，这些是在之后几个世纪中逐渐成熟的家训传统的基本要素。

　　这封成文于196年的信是郑玄写给他的独生子郑益（字益恩）的。其父爱跃然纸上：郑玄为郑益将不得不接管"家事大小"而忧心；他告诫儿子"勖求君子之道，研钻勿替"；他甚至提醒儿子"菲饮食，薄衣服"。不幸的是，郑益不久之后就被黄巾叛军杀害了，很可能是在郑玄去世之前——他本人在写下这封信的四年以后因病离世。

原文

诚 子 书

郑 玄

　　吾家旧贫，〔不〕为父母群弟所容，去厮役之吏，游学周、秦之都，往来幽、并、兖、豫之域，获觐乎在位通人，处逸大儒，得意者咸从捧手，有所受焉。遂博稽《六艺》，粗览传记，时睹秘书纬术之奥。年过四十，乃归供养，假田播殖，以娱朝夕。遇阉尹擅势，坐党禁锢，十有四年，而蒙赦令，举贤良方正有道，辟大将军三司府。公车再召，比牒并名，早为宰相。惟彼数公，懿德大雅，克堪王臣，故宜式序。吾自忖度，无任于此。但念述先圣之元意，思整百家之不齐，亦庶几以竭吾才，故闻命罔从。而黄巾为害，萍浮南北，复归邦乡。

　　入此岁来，已七十矣。宿素衰落，仍有失误，案之典礼，便合传家。今我告尔以老，归尔以事，将闲居以安性，覃思以终业。自非拜国君之命，问族亲之忧，展敬坟墓，观省野物，胡尝扶杖出门乎？家事大小，汝一承之。咨尔茕茕一夫，曾无同生相依。其勖求君子之道，研钻勿替，敬慎威仪，以近有德。显誉成于僚友，德行立于己志。若致声称，亦有荣于所生，可不深念邪！可不深念邪？吾虽无绂冕之绪，颇有让爵之高。自乐以论赞之功，庶不遗后人之羞。末所愤愤者，徒以亡亲坟垄未成，所好群书率皆腐敝，不得于礼堂写定，传与其人。日西方暮，其可图乎！家今差多十昔，勤力务时，无恤饥寒。菲饮食，薄衣服，节夫二者，尚令吾寡恨。若忽忘不识，亦已焉哉！[1]

延伸阅读

张磊夫（Rafe de Crespigny）:《洛阳大火：公元23—220年的后汉史》（*Fire over Luoyang: A History of the Later Han Dynasty 23–220 AD*），博睿学术出版社，2016年。此书中译版，邹秋筠译，北京大学出版社，2023年。

贾德讷（Daniel K. Gardner）:《儒经诠释与中国思想史》（*Confucian Commentary and Chinese Intellectual History*），《亚洲研究学刊》（*Journal of Asian Studies*），第57卷第2期（1998年），第397—422页。

亨德森（John B. Henderson）:《经文、典籍与注疏：儒家诠释与西方诠释的比较》（*Scripture, Canon and Commentary: A Comparison of Confucian and Western Exegesis*），普林斯顿大学出版社，2014年。

赵璐（Lu Zhao）:《寻求太平：汉经与早期中古文人文化的酿成》（*In Pursuit of the Great Peace: Han Dynasty Classicism and the Making of Early Medieval Literati Culture*），纽约州立大学出版社，2019年。

---

[1]（南朝宋）范晔撰，（唐）李贤等注《后汉书》，卷35《郑玄传》，中华书局，1965年，第1209—1210页。

第七章

一位被掠女性感怀回归

——蔡文姬的《悲愤诗》

在这两首诗中，一位被迫嫁给匈奴首领的汉代贵族女性描述了自己的悲惨遭遇，以及被迫放弃亲生儿子回到中原的复杂心情。

导读

大多数古代女性的作品都讲到自己的经历以及面临的困难和挫折，然而，很少有人能写出像蔡琰（蔡文姬，约177—249）那样的哀怨。蔡文姬是汉代杰出学者蔡邕的女儿，可以说，她的一生是由一连串的不幸组成的。蔡文姬的父亲因陷入派系斗争而死于狱中。她的丈夫早逝，因为没有孩子，她回到了自己的娘家。汉末大乱之际，蔡文姬先被董卓（132—192）手下的人绑架，后被南匈奴掳获，被迫嫁给匈奴左贤王，并生下了两个儿子。北方内战的最终胜利者、军事独裁者曹操（155—220）是蔡邕的崇拜者。公元207年，曹操向匈奴支付了一笔重金赎回蔡文姬——但她也被迫与儿子永别。回到首都后，曹操将蔡文姬许配给一位军官为妻。

　　在下面的两首诗中，蔡文姬详细叙述了她的经历和因禁所带来的情感创伤。第一首采用了汉代颇为时新的五言体，第二首则是较为传统的楚辞体。

原文

悲　愤　诗

蔡　琰

其一

汉季失权柄，董卓乱天常。

志欲图篡弑，先害诸贤良。

逼迫迁旧邦，拥主以自强。

海内兴义师，欲共讨不祥。

卓众来东下，金甲耀日光。

平土人脆弱，来兵皆胡羌。

猎野围城邑，所向悉破亡。

斩截无孑遗，尸骸相撑拒。

马边悬男头，马后载妇女。

长驱西入关，迥路险且阻。

还顾邈冥冥，肝脾为烂腐。

所略有万计，不得令屯聚。

或有骨肉俱，欲言不敢语。

失意几微间，辄言毙降虏：

"要当以亭刃，我曹不活汝！"

岂敢惜性命，不堪其詈骂。

或便加棰杖，毒痛参并下。

旦则号泣行，夜则悲吟坐。

欲死不能得，欲生无一可。

彼苍者何辜，乃遭此厄祸！

边荒与华异，人俗少义理。

处所多霜雪，胡风春夏起。

翩翩吹我衣，肃肃入我耳。

金·张瑀《文姬归汉图》吉林省博物馆藏

> 感时念父母，哀叹无终已。
> 有客从外来，闻之常欢喜。
> 迎问其消息，辄复非乡里。
> 邂逅徼时愿，骨肉来迎己。
> 己得自解免，当复弃儿子。
> 天属缀人心，念别无会期。
> 存亡永乖隔，不忍与之辞。
> 儿前抱我颈，问母欲何之。
> "人言母当去，岂复有还时？
> 阿母常仁恻，今何更不慈？

　　我尚未成人，奈何不顾思！"
　　见此崩五内，恍惚生狂痴。
　　号泣手抚摩，当发复回疑。
　　兼有同时辈，相送告离别。
　　慕我独得归，哀叫声摧裂。
　　马为立踟蹰，车为不转辙。
　　观者皆歔欷，行路亦呜咽。
　　去去割情恋，遄征日遐迈。
　　悠悠三千里，何时复交会？
　　念我出腹子，胸臆为摧败。

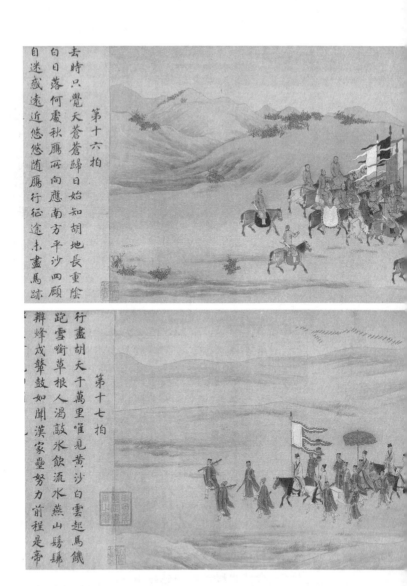

第十六拍

去時只覺天蒼蒼歸日始知胡地長重陰
白日落兮何處秋鴈所向應南方平沙四顧
自迷惑遠近悠悠隨鴈行征途未盡馬跡

第十七拍

行盡胡天千萬里唯見黃沙白雲起馬饑
跑雪齧草根人渴敲冰飲流水燕山嶱嶱
辨烽戍羣鼓如聞漢家壘努力前程是帝

明·佚名《胡笳十八拍图》第十五拍美国大都会艺术博物馆藏

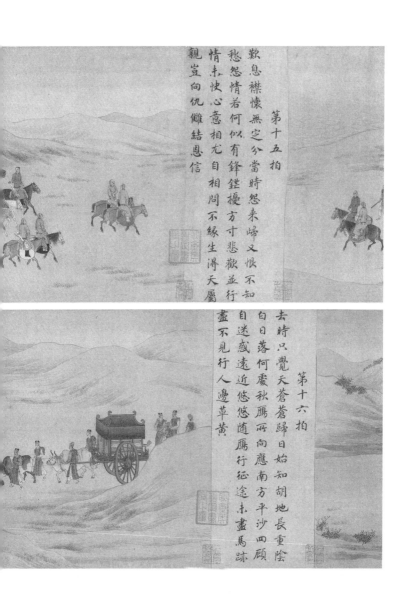

第十五拍

歎息襟懷無定分　當時怨來歸又恨　不知
悲怨情若何似有鋒鋩擾方寸　悲歎並行
情未快心意相尤自相問　不緣生得天屬
親豈向仇讎結恩信

第十六拍

去時只覺天蒼蒼歸日始知胡地長重陰
白日落何處秋鴈所向南方平沙四顧
自迷惑遠近悠悠隨鴈行征途未盡馬跡
盡不見行人邊草黃

既至家人尽，又复无中外。

城郭为山林，庭宇生荆艾。

白骨不知谁，纵横莫覆盖。

出门无人声，豺狼号且吠。

茕茕对孤景，怛咤糜肝肺。

登高远眺望，魂神忽飞逝，

奄若寿命尽，旁人相宽大。

为复强视息，虽生何聊赖？

托命于新人，竭心自勖励。

流离成鄙贱，常恐复捐废。

人生几何时，怀忧终年岁！[1]

其二

嗟薄祜兮遭世患，宗族殄兮门户单。

身执略兮入西关，历险阻兮之羌蛮。

山谷眇兮路曼曼，眷东顾兮但悲叹。

冥当寝兮不能安，饥当食兮不能餐。

---

[1]（南朝宋）范晔撰，（唐）李贤等注《后汉书》卷84《列女传》，中华书局，1965年，第2801—2802页。

常流涕兮眦不干，薄志节兮念死难，
虽苟活兮无形颜。惟彼方兮远阳精，
阴气凝兮雪夏零。沙漠壅兮尘冥冥，
有草木兮春不荣。人似兽兮食臭腥，
言兜离兮状窈停。岁聿暮兮时迈征，
夜悠长兮禁门扃。不能寝兮起屏营，
登明殿兮临广庭。玄云合兮翳月星，
北风厉兮肃泠泠。胡笳动兮边马鸣，
孤雁归兮声嘤嘤。乐人兴兮弹琴筝，
音相和兮悲且清。心吐思兮胸愤盈，
欲舒气兮恐彼惊，含哀咽兮涕沾颈。
家既迎兮当归宁，临长路兮捐所生。
儿呼母兮啼失声，我掩耳兮不忍听。
追持我兮走茕茕，顿复起兮毁颜形。
还顾之兮破人情，心恒绝兮死复生。[1]

---

[1]（南朝宋）范晔撰，（唐）李贤注《后汉书》，卷84《列女传》，中华书局，1965年，第2802—2803页。

延伸阅读

孙康宜（Kang-i Sun Chang）、苏源熙（Haun Saussy）编：《传统中国女性作家：诗歌批评选集》（*Women Writers of Traditional China: An Anthology of Poetry and Criticism*），斯坦福大学出版社，1999年。

傅汉思（Hans H. Frankel）：《蔡琰与归于其名下的诗》（*Cai Yan and the Poems Attributed to Her*），《中国文学》（*Chinese Literature: Essays, Articles, Reviews*），第5卷第1/2期（1983年），第133—156页。

韩献博（Bret Hinsch）：《早期帝制中国的女性》（*Women in Early Imperial China*），罗曼与利特菲尔德（Rowman & Littlefield）出版集团，2010年。

第八章

武将们的自我夸耀

——曹操的《让县自明本志令》和曹丕的《典论·自叙》

汉朝末年，两位风云人物在自述中展示自己的军事才干。

导读

中国有句俗语"乱世出英雄"。公元184年黄巾之乱爆发后，汉朝陷入困境，不少受过良好教育的文人因此奋起接受指挥军队的挑战。曹操（155—220）和他的儿子曹丕（187—226）就是很好的例子，他们既是优秀的诗人，又精通兵法。曹操和其他被指派镇压黄巾军的官员很快开始相互争霸，他们的故事因后来的《三国演义》而广为流传。曹操最终统一了北方，权倾天下，但并没有机会称帝。曹操死后，曹丕逼迫最后一位汉朝皇帝退位，禅让于他。登基之后，曹丕改国号为魏。

这章中的第一篇文章出于曹操之手，这是他在公元210年56岁时撰写的。那时，北方已牢牢掌控在曹操手中，但他非常希望能统一中国。当时，他的对手在朝廷上攻击他有篡位之心，曹操写了这篇文章作为回应。他声称自己有很多机会称帝，但从未有过这样的野心。

几年之后，曹丕撰写了一篇《自叙》，作为他的著作《典论》的序言，其中只有一部分幸存下来。在文中，曹丕只是轻描淡写地提到了他对诗歌的热爱，而将重心放在军事训练以及他天下无敌的武艺。虽然此书是评论文学作品的，但曹丕似乎更希望被认为是一个孔武有力的军人，而非"谦谦君子"。

原文

让县自明本志令

曹　操

孤始举孝廉，年少，自以本非岩穴知名之士，恐为海内人之所见凡愚，欲为一郡守，好作政教以建立名誉，使世士明知之；故在济南，始除残去秽，平心选举，违忤诸常侍。以为强豪所忿，恐致家祸，故以病还。去官之后，年纪尚少，顾视同岁中，年有五十，未名为老，内自图之，从此却去二十年，待天下清，乃与同岁中始举者等耳。故以四时归乡里，于谯东五十里筑精舍，欲秋夏读书，冬春射猎，求底下之地，欲以泥水自蔽，绝宾客往来之望，然不能得如意。

后征为都尉，迁典军校尉，意遂更欲为国家讨贼立功，欲望封侯作征西将军，然后题墓道言"汉故征西将军曹侯之墓"，此其志也。而遭值董卓之难，兴举义兵。是时合兵能多得耳，然常自损，不欲多之；所以然者，多兵意盛，与强敌争，倘更为祸始。故汴水之战数千，后还到扬州更募，亦复不过三千人，此其本志有限也。

后领兖州，破降黄巾三十万众。又袁术僭号于九江，下皆称臣，名门曰建号门，衣被皆为天子之制，两妇预争为皇后。志计已定，人有劝术使遂即帝位，露布天下，答言"曹公尚在，未可也"。后孤讨禽其四将，获其人众，遂使术穷亡解沮，发病而死。及至袁绍据河北，兵势强盛，孤自度势，实不敌之。但计投死为国，以义灭身，足垂于后。幸而破绍，枭其二子。又刘表自以为宗室，包藏奸心，乍前乍却，以观世事，据有当州。孤复定之，遂平天下。身为宰相，人臣之贵已极，意望已过矣。今孤言此，若为自大，欲人言尽，故无讳耳。设使国家无有孤，不知当几人称帝，几人称王。

或者人见孤强盛，又性不信天命之事，恐私心相评，言有不逊之志，妄相忖度，每用耿耿。齐桓、晋文所以垂称至今日者，以其兵势广大，犹能奉事周室也。《论语》云："三分天下有其二，以服事殷，周之德可谓至德矣。"夫能以大事小也。昔乐毅走赵，赵王欲与之图燕。乐毅伏而垂泣，对曰："臣事昭王，犹事大王；臣若获戾，放在他国，没世然后已，不忍谋赵之徒隶，况燕后嗣乎！"胡亥之杀蒙恬也，恬曰："自吾先人及至子孙，积信于秦三世矣。今臣将兵三十余万，其势足以背叛，然自知必死而守义者，不敢辱先人之教以忘先王也。"孤每读此二人书，未尝不怆然流涕也。孤祖、父以至孤身，皆当亲重之任，可谓见信者矣，以及子桓兄弟，过于三世矣。孤非徒对诸君说此也，常以语妻妾，皆令深知此意。孤谓之言："顾我万年之后，汝曹皆当出嫁，欲令传道我心，使他人皆知之。"孤此言皆肝鬲之要也。所以勤勤恳恳叙心腹者，见周公有《金縢》之书以自明，恐人不信之故。然欲孤便尔委捐所典兵众，以还执事，归就武平侯国，实不可也。何者？诚恐己离兵为人所祸也。既为子孙计，又己败则国家倾危，是以不得慕虚名而处实祸，此所不得为也。

前朝恩封三子为侯，固辞不受，今更欲受之，非欲复以为荣，欲以为外援为万安计。孤闻介推之避晋封，申胥之逃楚赏，未尝不舍书而叹，有以自省也。奉国威灵，仗钺征伐，推弱以克强，处小而禽大。意之所图，动无违事，心之所虑，何向不济，遂荡平天下，不辱主命，可谓天助汉室，非人力也。然封兼四县，食户三万，何德堪之！江湖未静，不可让位；至於邑土，可得而辞。今上还阳夏、柘、苦三县户二万，但食武平万户，且以分损谤议，少减孤之责也。[1]

典论·自叙

曹　丕

初平之元，董卓杀主鸩后，荡覆王室。是时四海既困

---

[1]（后汉）曹操《曹操集》，中华书局，1959年，第41—43页。

中平之政，兼恶卓之凶逆。家家思乱，人人自危。山东牧守，咸以《春秋》之义，"卫人讨州吁于濮"，言人人皆得讨贼。于是大兴义兵，名豪大侠，富室强族，飘扬云会，万里相赴；兖、豫之师战于荥阳，河内之甲军于孟津。卓遂迁大驾，西都长安。而山东大者连郡国，中者婴城邑，小者聚阡陌，以还相吞灭。会黄巾盛于海岱，山寇暴于并、冀，乘胜转攻，席卷而南。乡邑望烟而奔，城郭睹尘而溃。百姓死亡，暴骨如莽。余时年五岁，上以四方扰乱，教余学射，六岁而知射；又教余骑马，八岁而知骑射矣。以时之多难故，每征，余常从。

建安初，上南征荆州，至宛，张绣降。旬日而反，亡兄孝廉子修、从兄安民遇害。时余年十岁，乘马得脱。夫文武之道，各随时而用，生于中平之季，长于戎旅之间，是以少好弓马，于今不衰；逐禽辄十里，驰射常百步，日多体健，心每不厌。

建安十年，始定冀州。踒、貊贡良弓，燕、代献名马。时岁之暮春，勾芒司节，和风扇物，弓燥手柔，草浅兽肥，与族兄子丹猎于邺西，终日手获獐鹿九，雉兔三十。后军南征，次曲蠡，尚书令荀彧奉使犒军，见余，谈论之末，或言："闻君善左右射，此实难能。"余言："执事未睹乎项发口纵，俯马蹄而仰月支也。"或喜笑曰："乃尔。"余曰："埒有常径，的有常所，虽每发辄中，非至妙也。若驰平原，赴丰草，逐狡兽，截轻禽，使弓不虚弯，所中必洞，斯则妙矣。"时军祭酒张京在坐，顾或拊手曰"善"。

余又学击剑，阅师多矣，四方之法各异，唯京师为善。桓、灵之间，有虎贲王越善斯术，称于京师。河南史阿言昔与越游，具得其法，余从阿学之精熟。尝与平虏将军刘勋、奋威将军邓展等共饮，宿闻展善有手臂，晓五兵，又称其能空手入白刃。余与论剑良久，谓言将军法非也，余顾尝好之，又得善术，因求与余对。时酒酣耳热，方食甘蔗，便以为杖，下殿数交，三中其臂，左右大笑。展意不平，求更为之。余言吾法急属，难相中面，故齐臂耳。展言愿复一交。余知其欲突以取交中也，因伪深进，展果寻前，余却脚剿，正截其颡。坐中惊视。余还坐，笑曰："昔阳庆使淳于意去其故方，更授以秘术。今余亦愿邓将军捐弃故伎，更受要道也。"一坐尽欢。

夫事不可自谓己长。余少晓持复，自谓无对。俗名双戟为坐铁室、镶楯为蔽木户。后从陈国袁敏学，以单攻复，每为若神，对家不知所出，先日若逢敏下狭路，直决耳！

余于他戏弄之事少所喜，唯弹棋略尽其巧，少为之赋。昔京师先工有马合乡侯、东方安世、张公子，常恨不得与彼数子者对。上雅好诗书文籍，虽在军旅，手不释卷。每定省从容，常言："人少好学则思专，长则善忘。长大而能勤学者，唯吾与袁伯业耳。"余是以少诵诗、论。及长而备历五经、四部、《史》《汉》诸子百家之言，靡不毕览。所著书、论、诗、赋凡六十篇。至若智而能愚，勇而能怯，仁以接物，恕以及下，以付后之良史。[1]

延伸阅读

金葆莉（Kimberly Besio）、董建华（Constantine Tung）编：《三国演义与中华文化》（*Three Kingdoms and Chinese Culture*），纽约州立大学出版社，2007年。

张磊夫（Rafe de Crespigny）：《国之枭雄：曹操传》（*Imperial Warlord: A Biography of Cao Cao*，*155–220 AD*），博睿学术出版社，2010年。此书中译版，方笑天译，江苏人民出版社，2018年。

---

[1]（三国魏）曹丕著，夏传才、唐绍忠校注《曹丕集校注》，河北教育出版社，2013年，第247—252页。

顾浩华（Howard L. Goodman）:《孤儿曹丕的奇诗及其历史框架》
（The Orphan Ts'ao P'i, His Odd Poem, and Its Historiographic
Frame），《亚洲专刊》（*Asia Major*）第三系列，第22卷第1
期（2009年），第79—104页。

吴伏生（Fusheng Wu）:《奉旨而书：早期中古中国的应诏诗》
（*Written at Imperial Command: Panegyric Poetry in Early
Medieval China*），纽约州立大学出版社，2008年。

第九章

离别之痛

——左芬的《感离思》和《离思赋》

一位晋朝妃子作诗叙述她的宫廷生活和对家人的思念。

导读

在中国文学史中，大量早期女性诗文的作者是宫廷妇女，本书前言中讨论到的班婕妤就是这样一位女诗人。这些女性在十几岁时被送进皇宫，之后几乎没有机会见到自己的亲人。如果她们得宠于皇帝，宫中的其他女性可能视之为对手，疏而远之。一旦失宠，她们往往又会变得孤立无援。虽然宫廷妇女在所有女性中所占的比例极小，但她们的身世处境让我们看到了一些普遍现象：与亲人分离的痛苦，失去男人的宠爱后的困境，以及与世隔绝的孤独感。在中国历史上，一些意识到皇帝对他们失去信任的男性也会通过模拟一个失宠女性的声音来表达他们的伤感。

西晋（265—317）王朝统治的几十年间，皇室和外戚间的不和达到了顶峰，太子和妃子家族有时会兵戎相见。左芬（约253—300）就是在这个时期进入皇宫的。左芬出身名族，和哥哥左思（约255—306）都是当时卓有成就的诗人。1930年出土的《左芬墓志铭》称她为晋武帝（266—290年在位）的"贵人"，这是嫔妃中三个最高的等级之一。左芬和她的哥哥一样，在赋和诗两种体裁的创作方面都表现出色。赋最早出现在春秋时期，至三世纪，赋已被公认为特别适合描述繁复叙事的一种文学形式。

让考古学家感到惊讶的是，虽然左芬是皇妃，又享有极高的文学声誉，但她的墓葬却非常简单。她的墓志铭只记录了她的头衔、死亡日期、埋葬地点和家庭成员。学者们猜测，左芬去世时，晋朝正处于政治动荡之中，安排她的葬事和墓志的可能是她哥哥的家人，而不是朝廷。在唐朝编撰的《晋书》中有一篇简短的左分传记，它为我们

提供了更为详尽的信息。传记中提到，左芬的文学声誉是
她被选为皇妃的主要原因。在宫廷里，她经常在重要场合
或节庆之日被召来写诗纪事。据说，《离思赋》是应晋武
帝之诏而写成的。不过，从她写给左思的《感离诗》中
我们可以看出，《离思赋》中所表达确实是她最深切的感
情。公元290年晋武帝去世之后，左芬在皇宫寡居了十
年。她没有孩子。在下面两篇诗赋中，左芬不仅描述了她
在皇宫的经历，而且还揭示了中国宫廷女性的日常困境和
挫折。

原文

感 离 思

左 芬

自我去膝下，倏忽逾再期。

邈邈浸弥远，拜奉将何时。

披省所赐告，寻玩悼离词。

仿佛想容仪，欷歔不自持。

何时当奉面，娱目于书诗。

何以诉辛苦，告情于文辞。[1]

离 思 赋

左　芬

生蓬户之侧陋兮，不闲习于文符。不见图画之妙像兮，不闻先哲之典谟。既愚陋而寡识兮，谬忝厕于紫庐。非草苗之所处兮，恒怵惕以忧惧。怀思慕之切怛兮，兼始终之万虑。嗟隐忧之沉积兮，独郁结而靡诉。意惨愤而无聊兮，思缠绵以增慕。夜耿耿而不寐兮，魂憧憧而至曙。风骚骚而四起兮，霜皑皑而依庭。日晻暧而无光兮，气懔栗以冽清。怀愁戚之多感兮，患涕泪之自零。

昔伯瑜之婉娈兮，每彩衣以娱亲。悼今日之乖隔兮，奄与家为参辰。岂相去之云远兮，曾不盈乎数寻。何宫禁之清切兮，欲瞻睹而莫因。仰行云以歔欷兮，涕流射而沾巾。惟屈原之哀感兮，嗟悲伤于离别。彼城阙之作诗兮，亦以日而喻月。况骨肉之相于兮，永缅邈而两绝。长含哀

---

[1] 苏者聪选注《中国历代妇女作品选》，上海古籍出版社，1987年，第56页。

而抱戚兮，仰苍天而泣血。

　　乱曰：骨肉至亲，化为他人，永长辞兮。惨怆愁悲，梦想魂归，见所思兮。惊寤号啕，心不自聊，泣涟洏兮。援笔舒情，涕泪增零，诉斯诗兮。[1]

延伸阅读

孙康宜（Kang-i Sun Chang）、苏源熙（Haun Saussy）编：《传统中国女性作家：诗歌批评选集》（*Women Writers of Traditional China: An Anthology of Poetry and Criticism*），斯坦福大学出版社，1999年。

韩献博（Bret Hinsch）：《早期帝制中国的女性》（Women in Early Imperial China），罗曼与利特菲尔德（Rowman & Littlefield）出版集团，2010年。

（南朝梁）萧统编，康达维（David R Knechtges）译：《文选第2册：郊祀、畋猎、纪行、游览、宫殿、江海赋》（*Wen Xuan or Selections of Refined Literature. Vol. 2, Rhapsodies on Sacrifices, Hunting, Travel, Sightseeing, Palaces and Halls, Rivers and Seas*），普林斯顿大学出版社，2016年。此书中译版，贾晋华、白照杰、黄晨曦等译，上海古籍出版社，2020年。

---

[1] 苏者聪选注《中国历代妇女作品选》，上海古籍出版社，1987年，第57—58页。

第十章

一位皇帝关于因果报应和
素食主义的论述
——梁武帝的《净业赋序》

梁武帝讲述他身为太子时的经历、他的政治手段和
功业，以及他的佛教信仰。

导读

汉末之际，中亚商人将他们的佛教信仰带到了中国。
佛教最初传播缓慢，但到了南北朝（420—489），似已吸
引了中国社会的每个阶层。当时，中国的北方为游牧民族
所控，南方则经历了一系列的短暂王朝更替。南朝梁王朝
的创立者梁武帝萧衍（502—549年在位）是中国历史上最

支持佛教的统治者之一。他曾是齐朝的一个军官，以其英勇和战功而广受赞誉，并迅速晋升为将领。起初，萧衍对道教的长生不老术和升仙术很感兴趣，但在参加了一个以齐文宣王萧子良为首的文学团体后，他对萧子良的佛教实践和他所组织的一系列高僧讲法非常着迷。公元502年，梁武帝登基时，选择了佛诞日（即四月初八）作为他的朝代的第一天。登基仪式上给帝王祖先的祭品是素食，而不是传统的肉类，因为佛教戒杀生灵。

　　梁武帝晚年撰写了一篇《净业赋》，陈述自己对佛教的向往和他的佛心之旅。在序中，他讲述了自己放弃荤食和禁欲的决定。不过，他很可能夸大了自己的性节制。他的妻子在他登上王位之前就去世了，但他至少娶了七个妾，为他生了八个儿子和三个女儿，最小的一个孩子是在他五十岁时出生的。

原文

净 业 赋 序

萧　衍

少爱山水，有怀丘壑，身羁俗罗，不获遂志。肸独往之行，乖任纵之心，因尔登庸，以从王事。属时多故，世路屯蹇，有事戎旅，略无宁岁。上政昏虐，下竖奸乱，君子道消，小人道长。御刀应敕梅虫儿、茹法珍、俞灵韵、丰勇之、如是等多辈，志公所谓"乱戴头"者也。

志公者，是沙门宝志，形服不定，示见无方。于时群小疑其神异，乃羁之华林外阁。公亦恐而言曰："乱戴头，乱戴头，各执权轴。入出号令，威福自由，生杀在口。"忠良被屠戮之害，功臣受无辜之诛。服色齐同，分头各驱，皆称帝主，人云尊极。用其诡诈，疑乱众心。出入盘游，无忘昏晓。屏除京邑，不脱日夜。属纩者绝气道傍，子不遑哭；临月者行产路侧，母不及抱。百姓懔懔，如崩厥角。

长沙宣武王有大功于国，礼报无报，酷害奄及，至于弟侄，亦罹其祸。遂复遣桓神与杜伯符等六七轻使，以至雍州，就诸军帅，欲见谋害，众心不与，故事无成。后遣刘山阳灼然见取，壮士狙虎，器甲精锐，君亲无校，便欲束身待戮。此之横暴，出自群小，畏压溺三不吊，况复奸竖乎？若默然就死，为天下笑。俄而山阳至荆州，为萧颖胄所执。即遣马驿传道至雍州。

乃赫然大号，建牙竖旗，四方同心，如响应声，以齐永元二年正月，发自襄阳，义勇如云，舳舻翳汉。竟陵太守曹（景）宗、马军主殷昌等，各领骑步，夹岸迎候，波浪逆流，亦四十里，至朕所乘舫乃止。有双白鱼跳入舳前，义等孟津，事符冥应。云动天行，雷震风驰，郢城克定，江州降款。姑熟甲胄望风退散，新亭李居士稽首归降。

独夫既除，苍生苏息。便欲归志园林，任情草泽。下逼民心，上畏天命，事不获已，遂膺大宝。如临深渊，如履薄冰。犹欲避位，以俟能者。若其逊让，必复鱼溃，非直身死名辱，亦负累幽显，乃作赋曰："日夜常思惟，循环亦已穷。终之或得离，离之必不终。"

负扆临朝，冕旒四海，昧旦乾乾，夕惕若厉，朽索御六马，方此非譬。世论者以朕方之汤武，然朕不得以比汤武，汤武亦不得以比朕。汤武是圣人，朕是凡人，此不得以比汤武。但汤武君臣义未绝，而有南巢白旗之事。朕君臣义已绝，然后扫定独夫，为天下除患。以是二途，故不得相比。

朕布衣之时，唯知礼义，不知信向，烹宰众生，以接宾客，随物肉食，不识菜味。及至南面，富有天下，远方珍羞，贡献相继，海内异食，莫不毕至，方丈满前，百味盈俎。乃方食辍箸，对案流泣，恨不得以及温清，朝夕供养，何心独甘此膳？因尔蔬食，不啖鱼肉。虽自内行，不使外知。至于礼宴群臣，肴膳案常。菜食味（未）习，体过黄羸，朝中班班，始有知者。

谢朏、孔彦颖等，屡劝解素，乃是忠至，未达朕心。朕又自念有天下，本非宿志。杜恕有云："刳心掷地，数片肉耳。"所赖明达君子亮其本心，谁知我不贪天下？唯当行人所不能行者，令天下有以知我心。复断房室，不与嫔侍同屋而处，四十余年矣。

于时四体小恶，问上省师刘澄之、姚菩提疾候所以。刘澄之云："澄之知是饮食过所致。"答刘澄之云："我是布衣，甘肥恣口。"刘澄之云："官昔日食，那得及今日食。"姚菩提含笑摇头云："唯菩提知官房室过多，所以致尔。"于时久不食鱼肉，亦断房室，以其智非和、缓，术无扁、华，默然不言，不复诘问，犹令为治。刘澄之处酒，姚菩提处丸，服之，病逾增甚。以其无所知，故不复服。因尔有疾，常自为方，不服医药，亦四十余年矣。本非精进，既不食众生，无复杀害障；既不御内，无复欲恶障。除此二障，意识稍明，内外经书，读便解悟，从是已来，始知归向。《礼》云："人生而静，天之性也。感物而动，性之欲也。"有动则心垢，有静则心净，外动既止，内心亦明，始自觉悟，患累无所由生也。乃作《净业赋》云尔。[1]

延伸阅读

陈金华（Jinhua Chen）:《梁武帝内道场中的无遮大会》("Pañcavārṣika" Assemblies in Liang Wudi's Buddhist Palace Chapel)，《哈佛亚洲研究学刊》，第66卷第1期（2006年），第43—103页。

丁爱博（Albert E. Dien）:《六朝文明》（*Six Dynasties Civilization*），耶鲁大学出版社，2007年。此书中译版，李梅田译，社会科学文献出版社，2021年。

马俊杰（Mark Strange）:《六、七世纪文献中的梁武帝佛教帝王形象》（Representations of Liang Emperor Wu as a Buddhist Ruler in Sixth- and Seventh-Century Texts），《亚洲专刊》（*Asia Major*）第三系列，第24卷第2期（2011年），第53—112页。

田晓菲（Xiaofei Tian）:《烽火与流星：萧梁王朝的文学与文化》（ *Beacon Fire and Shooting Star: The Literary Culture of the Liang*［*502-57*］），哈佛大学亚洲中心，2007年。此书中文版，生活·读书·新知三联书店，2022年。

---

[1] 刘殿爵、陈方正、何志华主编《梁武帝萧衍集逐字索引》，香港中文大学出版社，2001年，第24—25页。

第十一章

晚唐文人官员反思退隐生活

——白居易的《醉吟先生传》和 陆龟蒙的《甫里先生传》

鉴于当时的政治气候，九世纪的一些文人认为，与 其守着官位，还不如在其他方面寻找意义，比如与 朋友相聚饮酒或追求茶道。

导读

就文化而言，九世纪是一个激动人心的时代，许多文 人领袖在诗歌写作上大有创新，他们发起古文运动，并重 振了儒学。关键人物包括杜佑（735—812）、韩愈（768— 824）、白居易和柳宗元（773—819）等。然而，在政治方面，大家都有一种隐隐的危机感。

　　当时，许多州郡已在实际上独立于朝廷，宫廷太监掌控着皇权。虽然志学之士一如既往地投身科考，但仕途晋升之路已更无公平可言。下面这两篇文章出自两位认为无忧无虑的生活胜于官职负担的文人之手。《醉吟先生传》的作者白居易是一位进士，在政治生涯上也较为成功，此文是他在退休之后撰写的，白居易在文中自称更喜欢他的新身份——酒徒，一个喜欢与朋友宴饮而不再忧国忧民的人。尽管佛教禁酒，但在中国文化中，饮酒历来是款待客人、祭祀神明和祖先的一项重要内容，道教和儒家传统也都完全认可这一习俗。在文人中，饮酒往往被视为获得深层洞察力和达到具有道家色彩的无忧无虑之态的一个途径。据称，白居易去世后被葬在龙门东山，前来拜墓者多以酒为祭，以至其墓地长年潮湿。

　　《甫里先生传》的作者陆龟蒙曾多次参与进士科考试，终未能得志，只担任过州刺史幕僚之类次要职务。他最终放弃官职，回到家乡，过着隐士生活。他是茶仙陆羽（约733—804）及其《茶经》的崇拜者，尤其喜欢与常来拜访的高僧品茶、谈论《茶经》。

　　陆龟蒙曾撰写《品第书》，这是唐代有关茶文化的一部重要著作。在《甫里先生传》中，陆龟蒙吹嘘道，他住在几个极佳的煮茶水源附近，其中两个水源是在佛寺内，由此可见，宗教尤其是佛教，在中国茶文化史上扮演了关键的角色。

在这两篇文章中，作者均以第三人称叙事，读来诙谐幽默。

原文

醉吟先生传

白居易

醉吟先生者，忘其姓字、乡里、官爵，忽忽不知吾为谁也。宦游三十载，将老，退居洛下。所居有池五六亩，竹数千竿，乔木数十株，台榭舟桥，具体而微，先生安焉。家虽贫，不至寒馁；年虽老，未及耄。性嗜酒、耽琴、淫诗，凡酒徒、琴侣、诗客多与之游。游之外，栖心释氏，通学小中大乘法。与嵩山僧如满为空门友，平泉客韦楚为山水友，彭城刘梦得为诗友，安定皇甫朗之为酒友。每一相见，欣然忘归。洛城内外六七十里间，凡观寺

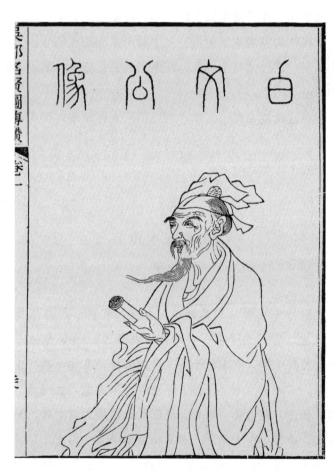

白居易像

丘墅有泉石花竹者，靡不游。人家有美酒鸣琴者，靡不过。有图书歌舞者，靡不观。自居守洛川泊布衣家，以宴游召者，亦时时往。每良辰美景，或雪朝月夕，好事者相过，必为之先拂酒罍，次开诗箧。酒既酣，乃自援琴，操宫声，弄《秋思》一遍。若兴发，命家僮调法部丝竹，合奏《霓裳羽衣》一曲。若欢甚，又命小妓歌《杨柳枝》新词十数章。放情自娱，酩酊而后已。

往往乘兴，屦及邻，杖于乡，骑游都邑，肩舁适野。舁中置一琴一枕，陶、谢诗数卷。舁竿左右悬双酒壶，寻水望山，率情便去。抱琴引酌，尽兴而返。如此者凡十年，其间日赋诗约千余首，岁酿酒约数百斛，而十年前后赋酿者不与焉。妻孥弟侄虑其过也，或讥之不应，至于再三，乃曰："凡人之性鲜得中，必有所偏好。吾非中者也，设不幸吾好利而货殖焉，以至于多藏润屋，贾祸危身，奈吾何！设不幸吾好博弈，一掷数万，倾财破产，以至于妻子冻馁，奈吾何！设不幸吾好药，损衣削食，炼铅烧汞，以至于无所成，有所误，奈吾何！今吾幸不好彼，而自适于杯觞讽咏之间。放则放矣，庸何伤乎！不犹愈于好彼三者乎！此刘伯伦所以闻妇言而不听，王无功所以游醉乡而不还也。"遂率子弟入酒房，环酿瓮，箕踞仰面，长吁太息曰："吾生天地间，才与行不逮于古人远矣。而富于黔娄，寿于颜渊，饱于伯夷，乐于荣启期，健于卫叔宝。幸甚幸甚，余何求哉！若舍吾所好，何以送老？"

因自吟咏怀诗云："抱琴荣启乐，纵酒刘伶达。放眼看青山，任头生白发。不知天地内，更得几年活？从此到终身，尽为闲日月。"吟罢自哂，揭瓮拨醅，又饮数杯，兀然而醉。既而醉复醒，醒复吟，吟复饮，饮复醉。醉吟相仍，若循环然。繇是得以梦身世，云富贵，幕席天地，瞬息百年，陶陶然，昏昏然，不知老之将至，古所谓得全于酒者，故自号为醉吟先生。于时开成三年，先生之齿六十有七，须尽白，发半秃，齿双缺，而觞咏之兴犹未衰。顾谓妻子云："今之前吾适矣，今之后吾不自知其兴何如！"[1]

甫里先生传

陆龟蒙

甫里先生者，不知何许人也。人见其耕于甫里，故

---

[1]（唐）白居易著，朱金城笺校《白居易集笺校》，上海古籍出版社，2020年，第3753—3755页。

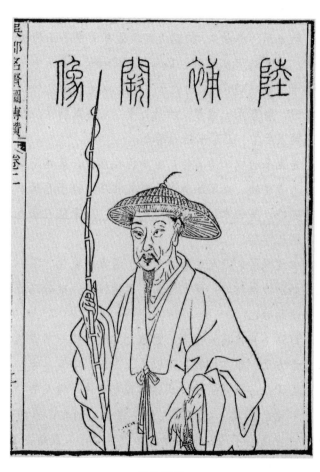

陆龟蒙像

云。先生性野逸，无羁检。好读古圣人书，探六籍，识大义，就中乐《春秋》，抉摘微旨。见有文中子王仲淹所为书云"三传作而《春秋》散"，深以为然。贞元中，韩晋公尝著《春秋通例》，刻之于石。竟以是学为己任，而颠倒漫漶，翳塞无一通者，殆将百年，人不敢指斥疵颣。先生恐疑误后学，乃著书撅而辨之。

先生平居以文章自怡，虽幽忧疾痛中，落然无旬日生计，未尝暂辍。点窜涂抹者，纸札相压，投于箱筐中，历年不能净。写一本，或为好事者取去，后于他人家见，亦不复谓己作矣。

少攻歌诗，欲与造物者争柄。遇事辄变化，不一其体裁。始则凌轹波涛，穿穴险固，囚锁怪异，破碎阵敌，卒造平淡而后已。

好洁，几格窗户砚席，翯然无尘埃。得一书详熟，然后置于方册。值本即校，不以再三为限。朱黄二毫，未尝一日去于手。所藏虽少，咸精实正定可传。借人书，有编简断坏者，缉之；文字缪（谬）误者，刊之。乐闻人为学，讲评通论不倦。有无赖者，毁折糅污，或藏去不返，先生蹙然自咎。

先生贫而不言利。问之，对曰："利者，商也。人既士矣，奈何乱四人之业乎？且仲尼、孟轲氏之所不许。"

先生之居，有池数亩，有屋三十楹，有田畸十万步，有牛不减四十蹄，有耕夫百余指。而田污下，暑雨一昼夜，则与江通，无别己田他田也。先生由是苦饥，困仓无升斗蓄积，乃躬负畚锸，率耕夫以为具。由是岁波虽狂，不能跳吾防、溺吾稼也。或讥刺之，先生曰："尧舜霉瘴，大禹胝胼，彼非圣人耶？吾一布衣耳，不勤劬，何以为妻子之天乎？且与其蠹虱名器、雀鼠仓庾者何如哉？"

先生嗜茶荈，置小园于顾渚山下，岁入茶租十许，薄为瓯舣之费。自为《品第书》一篇，继《茶经》《茶诀》之后。南阳张又新尝为《水说》，凡七等，其二曰"惠山寺石泉"，其三曰"虎丘寺石井"，其六曰"吴松江"，是三水距先生远不百里，高僧逸人时致之，以助其好。

先生始以喜酒得疾，血败气索者二年，而后能起。有客至，亦洁樽置鲜，但不复引满向口耳。

性不喜与俗人交，虽诣门不得见也。不置车马，不务庆吊。内外姻党，伏腊丧祭，未尝及时往。或寒暑得中，体佳无事时，则乘小舟，设蓬席，赍一束书、茶灶、笔床、钓具、棹船郎而已。所诣小不会意，径还不留，虽水禽决起、山鹿骇走之不若也。人谓之江湖散人，先生乃著《江湖散人传》而歌咏之。由是浑毁誉不能入利口者，亦不复致意。

先生性狷急，遇事发作，辄不含忍。寻复悔之，屡改不能已。先生无大过，亦无出入人事，不传姓名，世无有得之者。岂涪翁、渔父、江上丈人之流者乎？[1]

延伸阅读

柏士隐（Alan J. Berkowitz）：《解脱的模式：早期中世纪中国隐逸之实践和塑像》（*Patterns of Disengagement: The Practice and Portrayal of Reclusion in Early Medieval China*），斯坦福大学出版社，2000年。

邓百安（Anthony DeBlasi）：《平衡中的改革：中唐时期的文学文化的卫护》（*Reform in the Balance: The Defense of Literary Culture in Mid-Tang China*），纽约州立大学出版社，2002年。

田安（Anna M. Shields）：《知我者：中唐时期的友谊与文学》（*One Who Knows Me: Friendship and Literary Culture in Mid-Tang China*），哈佛大学亚洲中心，2015年。此书中译版，卞东波、刘杰、郑潇潇译，中西书局，2020年。

---

[1]（清）董诰等编《全唐文》，卷801 "陆龟蒙二"，中华书局，1983年，第8420—8421页。

余文章（Isaac Yue）、邓小虎（Siufu Tang）编：《臧否饕餮：中国古代文学中的饮食书写》（*Scribes of Gastronomy: Representations of Food and Drink in Imperial Chinese Literature*），香港大学出版社，2013年。此书中译版，刘紫云、姚华等译，北京大学出版社，2018年。

第十二章

追思亲友

——韩愈与韩琦的祭文作品

祭文是为祭奠逝去的亲朋所作的哀悼文章。韩愈的
《祭十二郎文》和韩琦的《祭文正范公文》《祭致政
学士赵君子渊文》为我们提及了诸多有关作者与死
者关系中的感人细节。

导读

丧葬仪式自古以来便在中国人的生活中占有重要地
位。从唐代开始，作为一种仪式和文化实践，丧葬和祭
祀文学在追念死者的过程中变得更加重要。这一现象
有墓志、碑记、祭文、祝文和相关题材的日益流行为

证。祭文是悼念者和逝者之间的一种交流，在祭祀时通常与食物和酒类一起被献给死者的灵魂。除了写给亲人，文人士大夫还为朋友、同事和相熟之人写作了大量祭文。祭文甚至逐渐成为一种重要的义务及亲密关系的象征，在无法亲临亲朋的葬礼或哀悼活动时，人们会在远方撰写祭文，将其递达死者亲人的手中。史料记载，如果不这样做，将会引发关于二人关系恶化或政治背叛等可能性的、无休止的猜测。名人执笔或为名人撰写的祭文通常会被传抄、编入文集，因其文学艺术价值被与作者或死者没有任何直接关系的人们欣赏传颂。作为一种追思文学，祭文无一例外地运用各种典故，并使用夸张的语言赞颂死者的品行及成就。尽管如此，这些作品仍然包含很多有关死者和哀悼者生活的细节：写作祭文为哀悼者提供了一个绝佳的机会来回想他有关死者的最珍贵的记忆，并表达他对逝去之人的思念之情。

本章的第一篇是唐代著名学者韩愈（768—824）为他唯一的侄子十二郎所写的祭文。韩愈自小失怙，由兄嫂抚养成人，因此曾与十二郎朝夕相处。从这篇祭文中，我们看不到任何作者身为大作家和儒学家的痕迹，有的只是中年韩愈哀叹失去一位晚辈和朋友的痛苦。不得不提到的是，韩愈文中所表现出的极度悲伤有些不同寻常。尽管唐代不乏父母和家中长辈为子女写作祭文和墓志铭的例子，但他们的文字很少直接表达如此强烈的情感。

本章后两篇祭文的作者韩琦（1008—1075）是北宋最有影响力的政治家之一。这两篇祭文皆为哀悼好友而作。第一封祭文完成于1052年，死者是中国历史上最受尊敬的政治家和作家之一——范仲淹（989—1052）。韩琦和范仲淹共同经历了二人一生中极其辉煌的时刻：他们先是在宋夏战争（1039—1042）中携手抗敌，后来又共同推进了庆历新政（1043—1044），因此视彼此为密友。二人最后一次见面可能是在1044年，之后则一直通过信件和诗文保持联系。

韩琦的第二篇祭文完成于1071年，是为悼念他的连襟赵子渊（999—1071）而作。韩和赵年轻时同在京城为官，惺惺相惜。尽管之后他们在仕途上运气各异，但二人终生保持联系，并通过诗歌唱和。

原文

祭十二郎文

韩　愈

　　年月日，季父愈闻汝丧之七日，乃能衔哀致诚，使建中远具时羞之奠，告汝十二郎之灵。

　　呜呼！吾少孤。及长，不省所怙，惟兄嫂是依。中年，兄殁南方，吾与汝俱幼，从嫂归葬河阳。既又与汝就食江南，零丁孤苦，未尝一日相离也。吾上有三兄，皆不幸早世。承先人后者，在孙惟汝，在子惟吾。两世一身，形单影只。嫂尝抚汝指吾而言曰："韩氏两世，惟此而已！"汝时尤小，当不复记忆；吾时虽能记忆，亦未知其言之悲也。

　　吾年十九，始来京城。其后四年，而归视汝。又四年，吾往河阳省坟墓，遇汝从嫂丧来葬。又二年，吾佐董丞相于汴州。汝来省吾，止一岁，请归取其孥。明年，丞相薨，吾去汴州，汝不果来。是年，吾佐戎徐州，使取汝。使者始行，吾又罢去，汝又不果来。吾念汝从于东，东亦客也，不可以久。图久远者，莫如西归，将成家而致汝。呜呼！孰谓汝遽去吾而殁乎！吾与汝俱少年，以为虽暂相别，终当久相与处。故舍汝而旅食京师，以求斗斛之禄。诚知其如此，虽万乘之公相，吾不以一日辍汝而就也！

去年，孟东野往，吾书与汝曰："吾年未四十，而视茫茫，而发苍苍，而齿牙动摇。念诸父与诸兄，皆康强而早世，如吾之衰者，其能久存乎？吾不可去，汝不肯来。恐旦暮死，而汝抱无涯之戚也！"孰谓少者殁而长者存，强者夭而病者全乎？

呜呼！其信然邪？其梦邪？其传之非其真邪？信也，吾兄之盛德而夭其嗣乎？汝之纯明而不克蒙其泽乎？少者强者而夭殁，长者衰者而存全乎？未可以为信也。梦也，传之非其真也？东野之书，耿兰之报，何为而在吾侧也？呜呼！其信然矣！信吾兄之盛德而夭其嗣矣！汝之纯明宜业其家者，不克蒙其泽矣！所谓天者诚难测，而神者诚难明矣！所谓理者不可推，而寿者不可知矣！虽然，吾自今年来，苍苍者或化而为白矣，动摇者或脱而落矣。毛血日益衰，志气日益微，几何不从汝而死也！死而有知，其几何离？其无知，悲不几时，而不悲者无穷期矣！

汝之子始十岁，吾之子始五岁。少而强者不可保，如此孩提者，又可冀其成立邪？呜呼哀哉！呜呼哀哉！汝去年书云："比得软脚病，往往而剧。"吾曰："是疾也，江南之人常常有之。"未始以为忧也。呜呼！其竟以此而殒其生乎？抑别有疾而至斯极乎？

汝之书，六月十七日也。东野云汝殁以六月二日；耿兰之报无月日。盖东野之使者，不知问家人以月日；如耿兰之报，不知当言月日；盖东野与吾书，乃问使者，使者妄称以应之耳。其然乎？其不然乎？

今吾使建中祭汝，吊汝之孤与汝之乳母。彼有食，可守以待终丧，则待终丧而取以来；如不能守以终丧，则遂取以来。其余奴婢，并令守汝丧。吾力能改葬，终葬汝于先人之兆，然后惟其所愿。

呜呼！汝病，吾不知时；汝殁，吾不知日。生不能相养以共居，殁不得抚汝以尽哀。敛不凭其棺，窆不临其穴。吾行负神明，而使汝夭。不孝不慈，而不得与汝相养以生，相守以死。一在天之涯，一在地之角。生而影不与吾形相依，死而魂不与吾梦相接。吾实为之，其又何尤！彼苍者天，曷其有极！自今已往，吾其无意于人世矣！当求数顷之田于伊颍之上，以待余年。教吾子与汝幸其成，长吾女与汝女待其嫁。如此而已。呜呼，言有穷而情不可终，汝其知也邪？其不知也邪？呜呼哀哉！尚飨。[1]

祭文正范公文

韩　琦

维某年某月某朔某日，具官某，谨以清酌庶羞之奠，致祭于资政范公之灵。

呜呼哀哉！上天生公，固为吾宋。以尧舜佐吾君兮，既忘身而忠国。以成康期吾俗兮，又竭思而仁众。升赞枢宰，孰云不用？殿抚藩服，孰云不重？何太平之策噤而不得施兮，委经纶于一梦。此一人所震嗟，而天下之所深痛。岂止乎平生之交，得讣音而长恸！呜呼哀哉！

仆始立朝，接公尚疏。道同气合，千里相符。忝帅于西，乃与公俱。协心毕力，誓翦凶渠。义切王室，情均友于。虽千艰而万险，仗忠信而如无。仆之望公，公骥仆驽。

---

[1]（唐）韩愈著，刘真伦、岳珍校注《韩愈文集汇校笺注》，卷13，中华书局，2010年，第1469—1471页。

十驾未逮，敢拟齐驱。人胡不辨，遂连公呼。自顾无有，愧常汗珠。繄公是托，终履夷途。叛羌来附，一节同趋。与公并命，参翊万枢。凡有大事，为国远图，争而后已，欢言如初。指之为党，果如是乎！道卒与于时戾，谓公迂而仆愚。相缘补外，谤毁崎岖。感公之知，谓死不渝。呜呼哀哉！

定之去青，不遌驿置。自公之东，信问时至。爱顾益深，交朋莫二。蝇头细书，以时为寄。珠贝累幅，气严法备。自云矍铄，以将厚意。谓公康宁，日保纯粹。忽以疾闻，求医往视。矍然遣使，候公鉴寐。会公得颖，肩舆赴治。尚烦公答，亲笔数字。意公小痊，粗以为慰。方具书药，诣公所憩。得元规报，云公永逝。读之骇然，手足俱废。气填满膺，食不知味。

惟公事君之大端，固始终而一致。有生即有死分，虽圣智其安避？所惜者，国家待贤而后乂，天胡不仁而不慭遗？呜呼哀哉！公之所存，履虁蹈皋。高文奇谋，大忠伟节。充塞宇宙，照耀日月。前不愧于古人，后可师于来哲。固有良史直书，海内公说。亘亿万载，不可磨灭。此为天而为寿分，信识者之能别。岂于一奠之间，可尽公之德烈！惟是冥然而思，默然而悲。此生未殒，曾开尸时。

公乎，知乎不知！[1]

祭致政学士赵君子渊文

韩 琦

维熙宁四年岁次辛亥，八月癸丑朔某日，具官某，谨遣三班奉职随行指使张世昌，以清酌庶羞之奠，致祭于故致政学士赵君子渊之灵。

呜呼！仆与君交，心照莫二。论契之深，同门之婿。在明道初，禁林并试。联陟道山，日亲高谊。直则同舍，分则同气。譬若骥骒，方驾平地，欲骋千里，自当齐至。如何迟速，半途而异。君知命者，未始较计。嗟君之才，畜不大施。历殿藩府，所在循吏。晚求西台，亟谢君事。惟洛之都，有完者第。方期优游，遂我高志。不虞安休，乃失颐卫。使人远来，谕我疾势。骇而驰医，往道勤意。医才及门，而君已逝。呜呼哀哉！

年逾七十，寿足为贵。诸子宦达，实昌而炽。进扬令名，

---

[1] 曾枣庄、刘琳主编《全宋文》，上海辞书出版社、安徽教育出版社，2006年，第40册，第860卷，第133—134页。

退绝纤累。君之始终，可谓无愧。而余悲者，义切亲懿。声颜永绝，翰墨徒秘。绋不亲执，莫不躬致。临风长号，涕泗交坠。惟凭一介，具此薄祭。冥冥有知，为我来暨。尚飨。[1]

延伸阅读

伊沛霞（Patricia Buckley Ebrey）、姚平、张聪主编：《追怀生命：中国历史上的墓志铭》（*Chinese Funerary Biographies: An Anthology of Remembered Lives*），华盛顿大学出版社，2020年。此书中译版，上海古籍出版社，2021年。

蔡涵墨（Charles Hartman）：《韩愈与唐代对大一统的追索》（*Han Yü and the T'ang Search for Unity*），普林斯顿大学出版社，1986年。

田安（Anna M. Shields）：《知我者：中唐时期的友谊与文学》（*One Who Knows Me: Friendship and Literary Culture in Mid-Tang China*），哈佛大学亚洲中心，2015年。此书中译版，卞东波、刘杰、郑潇潇译，中西书局，2020年。

田安：《为生者和死者而作：中唐祭文的革新》（Words for the Dead and the Living: Innovations in the Mid-Tang "Prayer Text"［Jiwen]），《唐研究》（*Tang Studies*），第25卷（2007年），第111—145页。

---

[1] 曾枣庄、刘琳主编《全宋文》，上海辞书出版社、安徽教育出版社，2006年，第40册，第861卷，第143—144页。

第十三章

挑战世俗羁绊
——柳开的自传

柳开在北宋初年继承了前代韩愈等人的努力，成为儒学复兴和古文运动的重要人物。他的自传详细描述了他的个性和他早年的学术思想和抱负。

导读

唐中后期和宋代是中国历史上一个重要的政治、思想、社会和文化变革时期。儒学复兴即代表这一时期的巨变之一。因受佛教兴盛及诸多政治问题的困扰，唐代的韩愈（768—824）、柳宗元（773—819）及宋代的二程兄弟（程颢，1032—1085；程颐，1033—1107）、朱熹（1130—

1200）等思想家致力于提升儒学在中国文化中的中心地位，并赋予了儒家哲学新的内涵、结构和文本基础。这场思想文化运动促成了一种"新"儒学——道学或理学——体系的确立。

本篇自传的作者柳开（948—1001）是这场运动中的重要一环。柳开是河北人，这一地区在安史之乱（755—763）后长期处于藩镇割据状态，甚至在北宋建国之后几十年仍以其"游侠"文化闻名。笔记传说及柳开自己的作品将他描绘成一个落拓不羁之人。他曾公开挑战人们对鬼魂的恐惧，并曾威胁他的叔父，如果叔父拒绝资助他的一位处于困境的朋友，他就会火烧自家的房子。柳开于973年中进士第，之后任职十多个低级文武职位，并以其对军事和边境事务的兴趣著称。因敬佩韩愈和柳宗元，柳开先后为自己取名"肩愈"和"绍先"，以此表明他追随韩、柳开创圣人之道的决心。他的自传显然承袭诸如白居易和陆龟蒙等早期自传（第十一章）的风格。

原文

东郊野夫传

柳　开

东郊野夫，肩愈者，名也；绍先者，字也；不云其族氏者，姓在中也。家于魏，居邻其郭之门左，故曰东郊也；从而自号之，故曰野夫也。或曰："子邑处而曰郊，士流而曰野，无乃失乎？"野夫对曰："吾以为郊，子以为邑矣；吾以为野，子以为士矣。吾宁知郊不为邑，士不为野，是果能质其名之在哉？苟不果，吾斯不失矣。"野夫居于家则称曰东郊，出于旅则称曰魏郊，以别内外之异也。

野夫性浑然，朴而不滞，淳而不昧，柔知其进，刚知其退。推之以前不难其行，揖之干后不忿其勇。来者虽仇而不拒，去者虽亲而不追。大抵取人之长，弃人之短。利不能诱，祸不能惧。晦乎若无心，茫乎若无身。不以天地之大独为大，不以日月之明独为明。风雷不疾其变，岳渎不险其固，人莫之识也。与其交者，无可否，无疑忌，贤愚贵贱，视其有分，久与之往还，益见深厚。或持其无赖之心者，谓其真若鄙愚人也，即事以欺之。复有以一得，便再以其二三而谋从计其利，虽后已或自败，野夫与始亦无暂异，竟不言之，然终未有能出其度内者。父兄有以诲而勉之，野夫哑尔笑而对曰："小儿辈徒劳耳！吾尝捕虎于穴，挟其门以利刃，彼于内难奋跃万变，奈吾当尔隘之阨乎！矧若类之蠢蠢哉！"

或有宾自远方至，则倾产以待之，遽与之宴笑寝处无少间矣。父兄有曰："汝胡尔为也？一何太疏易乎？殊不察其彼之人为若是，无乃不可乎？"野夫曰："彼人耳，吾人耳，又何间哉？且天地之中孰有内外也？四海之内皆我之亲也。己苟有所分别，虽父母兄弟，果肯不以他心待之乎？己苟无所间于人，即孰忍间于吾乎？"父兄以为然。宾既告退，即解衣质钱以赒之。或贫饿于时，有若可哀者，虽食，减口以遗，恐恐然犹虑不得与之久济矣，不虞其己之反困矣。

或曰："子居贫贱而务施仁义，司马氏之所讥也。"野夫对曰："吁哉！君子计人之急，岂谋己乎？当贫贱而能施诸仁义，斯所难也；当富贵而将施之，即孰不为能乎？且司马氏盖异其君子者耳，所以著书而多离于夫子之旨焉，或退处士而进奸雄，或先黄老而后六经，盖例若此也，吾所耻耳。"

或有结仇相怨者，野夫曰："汝来前！何故深憾乎？且汝谋彼以复怨，彼作报以图尔，两祸不泯，循环然将何止也？汝无恨他人之不我善，盖自不能善于人耳。汝苟周于人，即何有不汝丰美乎？汝见盗之为行乎？其为残贼污恶，虽父母亦不能容耳，反有同类而相感者，尚皆殒身拒害，有以甘心为交之终始也。盖无他，能感彼心以尽我诚也。盗之犹若是，矧汝辈皆良民乎？慎勿若此也。"仇闻之者，或相解去焉。

野夫家苦贫，无继夕之粮，无顺时之服。年始十五六，学为章句。越明年，赵先生指以韩文，野夫遂乐得而诵读之。当是时，天下无言古者，野夫复以其幼，而莫有与同其好者焉，但朝暮不释于手，日渐自解之。先大夫见其酷嗜此书，任其所为，亦不责可不可于时矣。

迨年几冠，先大夫以称讳，野夫深得其韩文之要妙，下笔将学其为文。诸父有于故里浮屠复浴室者，令野夫为记以试之。野夫时卧疾中，授其言期望矣。一旦，征笺墨于病榻，出辞以作之，文无点窜而成。家人以为异事，遂腾闻于外之好事者，咸曰："不可当矣！"复有恕而笑之者曰："痴妄儿！"言将我独复其古，家何恣容乎？聒聒然大遍于人口矣。诸父兄闻之，惧其实不誉于时也，诫以从俗为急务。野夫略不动意，益坚古心，惟谈孔、孟、荀、扬、王、韩以为企迹，咸以为得狂疾矣。后日有制作出于时，众或有下之者。乾德戊辰中，遂著《东郊书》百篇，大以机谲为尚，功将余半，一旦悉出焚之，曰："先师之所不许者也。吾本习经耳，反杂家流乎？"众闻之，益谓不可测度矣。

厚以化俗为意焉，凡所与往还者，悉归其指诏，亦以为轲、雄之徒也。捧书请益者咸云："韩之下二百年，今有子矣。"野夫每报之曰："不敢避是，愿尽力焉。"或曰："子无害其谦之光乎？"对曰："当仁而不让者，正在此矣。"或问退之、子厚优劣，野夫曰："文近而道不同。"或人不谕，野夫曰："吾祖多释氏，干以不迫韩也。"

开宝初，又著《东郊野史传》九十篇。或曰："子何以作《野史》？"对曰："野夫之所职也。"或曰："何谓《野史》？"对曰："在其国史之外不书者，吾书为《野史》也。"或曰："子干司马氏、范氏、班氏三家何如也？"对曰："司马氏疏略而该辨，泛乱而宏远；班氏辞雅而典正，奇简而采摘；下乎范氏，不迫一家也，多俗气矣。吾之所述，居二家之良者。"或曰："将何用乎？"对曰："用之，即有用于世；否，虽先师之书，为长物耳！用不用在于世，吾何知哉？"野夫以古之人不能究天地之真，海之容纳，经之所出，乃作《天辨》《海说》《经解》三篇，大能摭其事而证其非，昔贤之所不能及者也。以而所著文章与韩渐异，取六经以为式。或曰："子何始尚而今弃之？"对曰："孟、荀、扬、韩，圣人之徒也，将升先师之堂，入乎室，必由之；未能者，或取一家以往，可及矣。吾以是耳，汝辈有能如者，可至矣。"

野夫时年始二十有四。后二年，别立传以书焉，号曰补亡先生也。

论曰：东郊野夫，谓其肩斯，乐古道也；谓其绍斯，尚祖德也。退之大于子厚，故以名焉。子厚次之，故以字焉。复以其同时而出，同道而行，今取之偕，信得其美。观其文章行事，烈烈然统二公也，不为过矣。[1]

---

[1] 曾枣庄、刘琳主编《全宋文》，上海辞书出版社、安徽教育出版社，2006年，第6册，第127卷，第390—393页。

延伸阅读

包弼德（Peter K. Bol）：《斯文：唐宋思想的转型》（*"This Culture of Ours": Intellectual Transitions in T'ang and Sung China*），斯坦福大学出版社，1992年。此书中译版，刘宁译，江苏人民出版社，2001年。

包弼德：《历史上的理学》（*Neo-Confucianism in History*），哈佛大学亚洲中心，2008年。此书中译版，王昌伟译，浙江大学出版社，2010年。

蔡涵墨（Charles Hartman）：《韩愈与唐代对大一统的追索》（*Han Yü and the T'ang Search for Unity*），普林斯顿大学出版社，1986年。

张聪：《准备一场葬礼需要多长时间：以柳开将父母入土为安为中心的讨论》（How Long Did It Take to Plan a Funeral?: Liu Kai's（948–1101）Experience Burying His Parents），《中国历史前沿》（*Frontier of History in China*），第13卷第4期（2018年），第508—530页。

第十四章

记录见闻
——五种宋代笔记序言

这些宋代笔记序言记录了作者们的长途旅行、一生所学,以及他们接触到的有趣之人和各种自然风光与社会习俗。

导读

在中国文学史上,笔记泛指各种记录作者见闻的杂集。笔记最早出现于六朝,在宋代达到了顶峰。笔记在宋代的繁荣与三个重要因素密不可分:出版业的发达、士大夫阶层的不断扩大,以及普通人识字率的提高。存世的宋代笔记约有500种。这些作品长短各异,有些只有二三十个短小条目，另一些则是数十甚至数百章的长篇。笔记作家们的背景同样差别巨大。虽然像苏辙（1039—1112）和黄庭坚（1045—1105）这样杰出的文学家都曾留下了笔记作品，但大多数笔记作者，如王德臣（1036—1116）和张世南（活跃于1228年），则既非显宦，也没有多大文名。他们的笔记往往是他们唯一存世的作品，见证了他们的足迹所至、社会关系、学术和艺术倾向以及日常生活中的点点滴滴。

笔记写作的一个突出特点是，很多条目都具有自传性质。且作者们常在序言中提到，他们的作品是对多年亲身经历的详细记录。一部典型的笔记通常会包括作者对自然条件和社会习俗的直接观察，以及与有趣之人或事的接触。宋代笔记作者在记录、编纂这些繁杂信息的过程中，也往往会强调他们一生中所获见闻的重要性。

本章收录了四位宋代笔记作者的五篇序言。王德臣（1036—1116）在序言中表示，他希望记录一生中学到的所有重要的事情。苏辙强调他一生忙碌，直到被贬谪，才有时间回忆和记录自己的半生经历。作为黄庭坚的仰慕者和追随者，范信中长途跋涉至广西宜州，与刚刚被贬至该地的黄庭坚会面。他在黄庭坚生命的最后一年对黄悉心照顾，并在保存黄的《宜州家乘》方面起到了关键作用。张世南不仅把自己描述为一位知识渊博之人，还特意强调他的所见所闻不应该被遗忘。综合而言，这些简短的序言对我们了解宋代社会文化以及士大夫的生活多有裨益。

原文

龙川略志引

苏　辙

予自筠徙雷，自雷徙循，二年之间，水陆几万里。老幼百数十指，衣食仅自致也。平生家无尤物，有书数百卷，尽付之他人。既之龙川，虽僧庐道室，法皆不许入。裒囊中之余五十千，以易民居，大小十间，补苴弊漏，粗芘风雨。北垣有隙地，可以毓蔬，有井可以灌，乃与子远荷锄其间。既数月，韭葱葵芥，得雨辈出，可菹可芼，萧然无所复事矣。然此郡人物衰少，无可晤语者。有黄氏老，宦学家也，有书不能读，时假其一二，将以寓目。然老衰昏眩，亦莫能久读。乃杜门闭目，追思平昔，恍然如记所梦，虽十得一二，而或详或略，盖亦无足记也。远执笔在傍，使书之于纸，凡四十事，十卷，命之《龙川略志》。[1]

龙川别志·自序

苏 辙

予居龙川为《略志》，志平生之一二，至于所闻于人，则未暇也。然予年将五十，起自疏远，所见朝廷遗老数人而已，如欧阳公永叔、张公安道皆一世伟人，苏子容、刘贡父博学强识，亦可以名世，予幸获与之周旋，听其所讲说，后生有不闻者矣。贡父尝与余对直紫微阁下，喟然太息曰："予一二人死，前言往行埋灭不载矣。君苟能记之，尚有传也。"时予方苦多事，懒于述录。今谪居六年，终日燕坐，欲追考昔日所闻，而炎荒无士大夫，莫可问者，年老衰耄，得一忘十，追惟贡父之言，慨然悲之，故复记所闻，为《龙川别志》，凡四十七事，四卷。元符二年孟

---

[1] 曾枣庄、刘琳主编《全宋文》，上海辞书出版社、安徽教育出版社，2006年，第95册，第2076卷，第261页。

秋二十二日。[1]

麈史序

王得臣

　　予年甫成童，亲命从学于京师，凡十阅寒暑，始窃一第；已而宦牒奔走，辙环南北，而逮历三纪，故自师友之余论，宾僚之燕谈，与耳目之所及，苟有所得，辄皆记之。晚逾耳顺，自大农致为臣而归，阖扉养疴，日益无事，发取所记，积稿猥多，于是重加刊定，得二百八十四事。其间自朝廷至州里，有可训、可法、可鉴、可诫者无不载；又病其难于讨究，遂类以相从，别为四十四门，总成三卷，名曰《麈史》。盖取出夫实录，以其无溢美，无隐恶而已。虽小道，必有可观者焉，览之者幸无我诮。时行年八十，皇宋政和，岁在乙未中元日，追为之序。凤台子王得臣，字彦辅。[2]

---

［1］　朱易安、傅璇琮等主编《全宋笔记》，大象出版社，2003年，第一编，第9册，第313页。
［2］　曾枣庄、刘琳主编《全宋文》，上海辞书出版社、安徽教育出版社，2006年，第84册，第1833卷，第231—232页。

宜州家乘序

范信中

崇宁甲申秋，余客建康，闻山谷先生谪居岭表，恨不识之。遂溯大江，历溢浦，舍舟于洞庭，取道荆湘，以趋八桂，至乙酉三月十四日始达宜州，寓舍崇宁寺。

翼日，谒先生于僦舍，望之真谪仙人也。于是忘其道途之劳，亦不知瘴疠之可畏耳。自此日奉杖履，至五月七日，同徙居于南楼。围棋诵书，对榻夜语，举酒浩歌，跬步不相舍。凡宾客来、亲旧书信、晦月寒暑、出入起居，先生皆亲笔以记其事，名之曰《乙酉家乘》，而其字画特妙。尝谓余："他日北归，当以此奉遗。"

至九月，先生忽以疾不起，子弟无一人在侧，独余为经理其后事，及盖棺于南楼之上，方悲恸不能已，所谓《家乘》者，仓卒为人持去，至今思之，以为恨也！

绍兴癸丑岁，有故人忽录以见寄，不谓此书尚尔无恙耶！读之恍然，几如隔世。因镂板以传诸好事者，亦可以见先生虽迁谪，处忧患，而未尝戚戚也，视韩退之、柳子厚有间矣。东坡云："御风骑气，与造物游。"信不虚语哉！

甲寅四月望日，蜀郡范寥信中序。[1]

游宦纪闻序

张世南

仆自卝角，随侍宦游，便登青天，万里之蜀。及壮走江湖，无宁岁。闻见虽稍广，性天不灵，随即废忘。绍定改元，适有令原之戚，闭门谢客。因追思，捉笔纪录，不觉盈轴，以《游宦纪闻》题之，所以记事实而备遗忘也。嗣有所得，又当傅益之云。鄱阳张世南光叔。[2]

延伸阅读

傅大为（Fu Daiwie）：《笔记写作的繁盛与宋代中国知识史的关系》（The Flourishing of *Biji* or Pen-Notes Texts and its Relations to History of Knowledge in Song China，960–1279），《远东远西》（*Extrême-Orient, Extrême-Occident*），第1期（2007年），

---

[1]　朱易安、傅璇琮《全宋笔记》，大象出版社，2005年，第二编，第9册，第5页。
[2]　朱易安、傅璇琮等主编《全宋笔记》，大象出版社，2015年，第七编，第8册，第31页。

第103—130页。

何瞻（James M. Hargett）：《玉山丹池：中国传统游记文学》（*Jade Mountains and Cinnabar Pools: The History of Travel Literature in Imperial China*），华盛顿大学出版社，2018年。此书中译版，冯乃希译，上海人民出版社，2021年。

张聪：《取过去见闻，为将来之用：宋笔记序言研究》（Things Heard in the Past, Material for Future Use: A Study of Song ［960-1279］*Biji* Prefaces），《东亚出版与文化》（*East Asian Publishing and Culture*），第6卷第1期（2016年），第22—53页。

张聪：《博于杂识：宋笔记研究》（To Be "Erudite in Miscellaneous Knowledge"：A Study of Song（960-1279）*Biji* Writing），《亚洲专刊》（*Asia Major*）第三系列，第25卷第2期（2012年），第43—77页。

第十五章

自 咏

——四位宋人的诗作

本章的六首宋诗既描写了诗人的日常生活，又涉及其崇高的抱负和未竟的梦想。

导读

诗歌在中国文化和社会中的重要性大大高于它在西方文明中的地位。《诗经》被归类为儒家经典无疑大大提升了诗歌写作和欣赏的重要性。诗歌在中国人生活中占据中心地位的另一个重要因素是，古人坚信好的诗歌"是与他人交流的最高形式，是适合所有人在特定场合和特定心态下的一种活动"[1]。因以上及其他原因，在整个帝制时期，诗歌一直是男性通识教育的关键组成部分。所有士人在成长过程中都曾背诵大量诗歌，接受基本声韵和意象使用的训练，并尝试创作。诗歌写作在唐代达到鼎盛，《全唐诗》总共收录了包括2 200多名诗人的约49 000首诗。宋诗的数量更多，《全宋诗》共收有近9万名诗人的约27万首诗。

好的诗作往往具有自传性质。诗人们经常记录他们观察自然、游览风景名胜的经历。其他突出的主题，还包括饮宴、送别、思念亲友及经历贬谪。这些主题无一例外地描述诗人的日常生活和仕宦经历。自咏诗以其对日常和私人生活的生动描绘，尤具自传性质。在自咏诗中，诗人常常借助幽默或自嘲表达内心深处的满足、失望或沮丧。下面所选的六首诗风格各异，涉及了士人普遍关注的诸如衰老、个人品位爱好、为贫所困、仕宦与否等问题。

---

[1] 宇文所安（Stephen Owen）：《中国传统文化中的诗歌》（Poetry in the Chinese Tradition），收于罗溥洛（Paul Ropp）编：《中国的文化：中国文明的当代视角》（Herltuge of China: Contemporary Perspectives on Chinese Civilization），加利福尼亚大学出版社，1990年，第294页。

原文

四 十 自 咏

魏　野

闲心虽不动，记性觉潜衰。

棋退难饶客，琴生却问儿。

手慵农器信，身散道装知。

笔砚将何用，除因改旧诗。[1]

自　嘲

毕仲游

箸下尝来新蟹美，瓮中篘得旧醅浑。

只今醉倒君休笑，便是当时吏部孙。[2]

---

[1] 北京大学古文献研究所编《全宋诗》，北京大学出版社，1986—1998年，第2册，第79卷，第901页。

[2] 北京大学古文献研究所编《全宋诗》，北京大学出版社，1986—1998年，第18册，第1042卷，第11939页。

自 怜

毕仲游

自怜贫病也为儒，灯火相亲十岁余。

昔作儿童今已老，案头犹有未看书。[1]

自 笑

郑刚中

他人将钱买田园，尚患生财不神速。

我今贷钱买僻书，方且贪多怀不足。

较量缓急堪倒置，安得瓶中有储粟？

自笑自笑笑我愚，笑罢顽然取书读。[2]

---

[1] 北京大学古文献研究所编《全宋诗》，北京大学出版社，1986—1998年，第18册，第1042卷，第11939页。

[2] 北京大学古文献研究所编《全宋诗》，北京大学出版社，1986—1998年，第30册，第1692卷，第19051页。

自 警

陆 游

堕发满晨梳，荒畦入晚锄。
凉生团扇厄，病退短筇疏。
圣道功殊浅，尘缘习未除。
青灯幸如故，勉近读残书。[1]

自 喜

陆 游

半生羁宦走人间，
醉里心宽梦里闲。
自喜如今无一事，
读书才倦即游山。[2]

[1] 北京大学古文献研究所编《全宋诗》，北京大学出版社，1986—1998年，第39册，第2180卷，第24825—24826页。
[2] 北京大学古文献研究所编《全宋诗》，北京大学出版社，1986—1998年，第40册，第2207卷，第25260—25261页。

延伸阅读

柯霖（Colin C. Hawes）:《北宋中期诗歌之社会流传：情感能量与文人自我修养》（*The Social Circulation of Poetry in the Mid-Northern Song: Emotional Energy and Literati Self-Cultivation*），纽约州立大学出版社，2005年。

宇文所安:《自我的完整映像：自传诗》（The Self's Perfect Mirror: Poetry as Autobiography），收于林顺夫、宇文所安编《抒情之声的活力：汉末至唐代的诗歌》（*The Vitality of the Lyric Voice: Shih Poetry from the Late Han to the Tang*），普林斯顿大学出版社，1986年，第71—102页。又见乐黛云、陈珏编选《北美中国古典文学研究名家十年文选》，江苏人民出版社，1996年，第110—137页。

宇文所安:《机智与私生活》（Wit and the Private Life），收于氏著《中国"中世纪"的终结：中唐文学文化论集》（*The End of the Chinese "Middle Ages": Essays in Mid-Tang Literary Culture*），斯坦福大学出版社，1996年，第83—106页。此书中译版，陈引驰、陈磊译，田晓菲校，生活·读书·新知三联书店，2006年。

第十六章

南宋使金日记
——楼钥的《北行日录》

作为南宋出使金国的使团成员，楼钥在其《北行日录》中详细记录了他和同僚的日常活动及他对沿途政治和文化景观的敏锐观察。

导读

宋自建国之日，即面对与汉唐不同的政治现实：它必须与周边的北方政权，特别是契丹所建的辽和女真建立的金平等相处。并且，宋辽、宋金之间有条约规定，每遇皇帝和皇后的生辰及薨逝、新帝登基等重要场合，双方要互派使节慰问祝贺。这些使团的行程及活动皆有明文规定，特别是在互送礼品、宴请、告别、下榻和官方信函等方面，皆受详细的礼节约束。

有宋一代，朝廷向辽、金派遣了数以百计的使团。根据规定，宋的使节必须每天记录其行程及活动。这些记录在使团返回后会被编入官方档案，有时也可充情报之用。幸存下来的这类文本证实了日记格式在记录和讲述长途旅行中的功用。日记作者往往能详细报告他和同伴的所见所思，以及他们对自然状况和社会风俗的观察。在遇到为外夷控制的汉人历史和文化地标之时，日记作者通常会提及历史上的相关人物事件，并表达他的怀古之情。

下面的三个条目摘自楼钥（1137—1213）的《北行日录》。宋孝宗乾道五年（1169），楼钥与同僚汪大猷等受宋廷指派从南宋首都临安出使金国，向金帝祝贺正旦。他们一行于当年十月出发，于两个多月后抵达燕京。在燕京停留数日后，又历时三月返回临安。整个行程中，楼钥逐日详细记录了他们一行的食宿、所经州县、沿途所见普通人的生活，以及他们瞻仰的历史遗迹。这里所选的三个条目，涵括了有关十二世纪物质文化的丰富信息，其中，楼钥对横渡黄河的描述尤其生动，具有重要的史料价值。

原文

北 行 日 录

楼　钥

十二月三日甲申。晴。车行六十里，静安镇早顿。又六十里，宿宿州。自离泗州，循汴而行至此，河益堙塞，几与岸平，车马皆由其中，亦有作屋其上。州城新筑雉堞甚整，闻是五月下旬上畔指挥重修，限四旬毕工，费一出于民。城中人物颇繁庶，面每斤二百一十，粟谷每斗百二十，粟米倍之，陌以六十。大寺数所，皆承平时物。酒楼二所甚伟，其一跨街，榜曰"清平"，护以苇席。市肆列观无禁，老者或以手加额而拜。有倒卧脚引书铺，般贩官局汤药，蔡五经家饼子风药。去州二里许，二郎庙前有下马亭，即李显忠斩李福、李保之地。驿舍邻郡治，显忠驻军于此。破城之初，每兵止犒以三镮，士卒愤惋。及逃归，创残之士不能自力，悉碎于敌手，为数坑埋之。中庭有井，自投者尤多。负郭县曰符离。项羽破汉军于灵壁（璧）东，睢水为之不流，即此县界。

十二月十三日甲午。晴。五更，车行四十五里，到黄河。因河决打损口岸，去年人使迂行数十里，方得上渡。今岁措置，只就浅水冰上积柴草，为路里余。车马行其上，策策有冰泮声。遇深险处，即有人跕立道旁指示，使驱车疾行。河心有沙墠，甚阔，盖河决时所淤积者。一行人兵车马尽于此登舟渡。舟底平，无篷屋，于船头品字用抄，两旁又以大枋为桨，并力喝号。使副以下露坐其中，分数舟以渡。风静不寒，上下冰合仅二寸许，惟通舟处见水面数丈。此李固渡。本非通途，浮桥相去尚数里。马行三里许，饭武城镇，一名沙店。车行四十五里，宿滑州。途中有土山夹道，尘埃最甚，咫尺不可辨。俗号小灰洞。盖前路有甚于此者。路西有白龙潭，旁有大碑，盖亦是昔年河决所潴也。滑即古豕韦氏之国，春秋战国属卫。负郭白马县，本卫国曹邑，狄灭卫，立戴公以庐于曹；袁绍遣颜良于白马，关羽斩良，以报曹公；郦生所谓守白马之津，皆此也。有滑台，本郑之廪延。

十二月二十四日乙巳。晴。五更，车行四十五里，至安肃军南城外上马，由城中又入北城驿早食。军本遂城县，属易州。皇朝置静戎军，后改焉。二城甚固，南城南门三重，北门一重，为安肃县治，有雄威营二所。北城两门，各二重。二城之间有濠堑水柜，积冰甚多，方取以入窖。又有祥光塔、福善寺。食罢，又乘马出北门，过一大庙，或云北岳行宫。车行二十五里，过白沟河。又五里，宿固城镇。人物衣装又非河北比，男子多露头，妇人多耆婆。把车人云，只过白沟，都是北人，人便别也。[1]

延伸阅读

魏希德（Hilde de Weerdt）：《苏辙在北方看到了什么？宋代出版法、国家安全，与政治文化》（What Did Su Che See in the North? Publishing Laws, State Security, and Political Culture in Song China），《通报》（*T'oung Pao*），第9卷第4—5期（2006年），第466—494页。

何瞻（James M. Hargett）：《玉山丹池：中国传统游记文学》（*Jade Mountains and Cinnabar Pools: The History of Travel Literature in Imperial China*），华盛顿大学出版社，2018年。此书中译版，冯乃希译，上海人民出版社，2021年。

李锐（Ari Daniel Levine）：《欢迎来到敌占区：南宋使金日记中有关金代开封的集体记忆、无处安放的怀旧情绪和错位的知识》（Welcome to the Occupation: Collective Memory, Displaced Nostalgia, and Dislocated Knowledge in Southern Song

---

[1] 曾枣庄、刘琳主编《全宋文》，上海辞书出版社、安徽教育出版社，2006年，第265册，第5972—5974卷，第78—79、85—86、91—92页。

Ambassadors' Travel Records of Jin-Dynasty Kaifeng），《通报》，第99卷，第4—5期（2013年），第379—444页。

万安玲（Linda Walton）:《楼钥的〈北行日录〉》(Diary of a Journey to the North: Lou Yue's *Beixing rilu*)，《宋元研究》(*Journal of Song-Yuan Studies*)，第32卷（2002年），第1—38页。

第十七章

选择自杀的女性
——琼奴的题壁文和韩希孟的诗作

面对身体和精神的折磨以及外族人侵犯的危险，妇女们有可能选择自杀来保全自己的清白。在下面的文字中，两位宋代女性描述了她们各自面临的危机，以及为捍卫荣誉而死的决心。

导读

我们对上古中古女性的了解大多来自男性的记录。各种经典及家规女诫都教导妇女们将其活动范围和影响力局限在家庭内部，奉行三从四德。正史中的女性传记通常着意于把从后妃到平民的所有女性都塑造成孝顺的儿媳、贤惠的妻子母亲和干练的持家者。现实生活中的女性自然千差万别，但只有为数极少的女性，如班昭（45—117）、蔡琰（蔡文姬，约177—249，第七章）、左芬（约255—300，第九章）和李清照（1084—1155）等，留下了自叙材料。这四人都是智力超群、知识渊博、能力杰出的作家。她们的经历，特别是班、蔡和李在个人生活中历经的各种考验和磨难，包括青年寡居、家庭遭受厄运、政治动荡、王朝更迭，以及生活中的流离失所，对有关妇女及其在家庭和社会中地位的主流观念产生了某种挑战。

　　历史上不太知名的女性偶尔也将类似经历付诸笔端。下面所选的两篇诗文反映了家庭巨变和外族入侵是如何影响了妇女的生活的。琼奴和韩希孟都出身仕宦之家，两人都受过教育，如果不是意想不到的家庭变故或政治动荡，她们本会享受安宁舒适的生活。由于父亲突然离世、哥哥失职、婚约被取消，琼奴被迫成为人妾，不得不忍受正妻的嫉恨和虐待。韩希孟在南宋末年被蒙古征服者俘虏后，坚决捍卫自己作为忠诚妻子和贞洁女性的荣誉。她和琼奴在看似没有其他出路的情况下，决定选择自杀。琼奴幸存了下来，韩希孟则是得偿所愿。这两名宋代妇女不仅用行动对自己的不幸遭遇表示反抗，并用文字表达了她们为人们同情、铭记的愿望。正是因为这一愿望，她们的叙述充满强烈的感情色彩：两人都希望她们的经历为人所知，她们的自述能被广泛阅读传播。

值得注意的是，在中国文学史上，男性借用女性的声音写作有着悠久的传统。由于这两位女性的身份都无法通过其他渠道加以核实，她们的自述有可能其实出自男性之手，特别反映了宋代士大夫对家庭关系、社会向下流动和女性贞洁等问题表现出的极大兴趣和关注。

原文

琼奴题记琼奴题淮山驿

刘　斧

其题于壁曰：

昨因侍父过此，时父业显宦，家富贵，凡所动作，悉皆如意。日夕宴乐，或歌或酒，或管弦，或吟咏，每日得之，安顾有贫贱饥寒之厄也！嘉祐初，不幸严霜夏坠，父丧母死，从其家世所有悉皆扫地散去。兄弟流离，各逐妻子，使我狼狈，茫然无归。幼年尚许嫁于清河张氏，迫其困苦，遽弃前好，终身知无所偶矣。偷身苟活，将以全身，岂免偏身于人，遂流落于赵奉常家。其始阖族皆喜，一旦有行谮之祸，遂见弃于主母。日苦鞭箠，欲长往自逝不可得也。每欲殒命，或临刀绳二物，则又惊叹不敢向。平昔之心皎皎，虽今复过此馆，见物态景色如故，当时之人宛如在左右，痛惜嗟叹，其谁我知也？因夜执烛私出，笔此以使壮夫义士见之，哀其困苦若是。太原琼奴谨题。[1]

韩希孟轶事

巴陵女子韩希孟，魏公五世孙，与贾尚书男琼为妇。岳州破，被虏，以衣帛书诗，愿好事君子相传，知吾宋家有守节者，其诗云：

宋未有天下，坚正臣礼秉。

开国百战功，每阵惟雄整。

---

[1] 朱易安、傅璇琮等主编《全宋笔记》，大象出版社，2005年，第二编，第2册，第3卷，第40页。

及其侍幼主，臣心常炯炯。

帝曰卿北伐，山戎今有警。

死狗莫击尾，此行当系颈。

即日陛辞行，尽敌心欲逞。

陈桥兵忽变，不得守箕颍。

禅让法尧舜，民亦普安静。

有国三百年，仁义道驰骋。

未改祖宗德，天何赐太耆。

细思天地理，中有幸不幸。

天果丧中原，大似裂冠裖。

君诚不独活，臣实无魏邴。

失人与得人，垂诚常耿耿。

江南无谢安，漠北有王猛。

所以戎马来，飞渡巴陵境。

大江限南北，今此一舴艋。

本期固封守，谁知如画饼。

烈火燎昆冈，不辨金与矿。

妾本良家子，性僻守孤梗。

嫁与尚书儿，含香署兰省。

直以才德合，不弃宿瘤瘿。

初结合欢带，誓比日月昞。

鸳鸯会双飞，比目愿长并。

岂期金石节，化作桑榆景。

旄头势正然，蚩尤气先屏。

不意风马牛，复此送鄢郢。

一方遭劫虏，六族死俄顷。

退鹢落迅风，孤鸾吊空影。

簪坚折白玉，瓶沉断青绠。

死路定冥冥，忧心常炳炳。

妾心坚不移，改邑不改井。

我本瑚琏器，焉肯作溺皿。

志节能转石，气噎如吞鲠。

不作爝火然，愿为死灰冷。

舍生念曲蛾，乞怜羞虎阱。

借此清江水，葬我全首领。

皇天如有知，定许血面请。

愿魂化精卫，填海使成岭。

寻赴江死。[1]

---

[1] 丁传靖辑《宋人轶事汇编》，第8卷，中华书局，1981年，第362—363页。

延伸阅读

柏文莉（Beverly Bossler）:《宋代社会变迁下的性别与贞节观》（*Courtesans, Concubines, and the Cult of Female Fidelity*），哈佛大学亚洲中心，2016年。

戴仁柱（Richard L. Davis）:《山下有风：十三世纪中国的政治和文化危机》（*Wind against the Mountain: The Crisis of Politics and Culture in Thirteenth-Century China*），哈佛大学亚洲中心，1996年。

伊沛霞（Patricia B. Ebrey）:《内闱：宋代妇女的婚姻和生活》（*Inner Quarters: Marriage and the Lives of Chinese Women in the Sung Period*），加利福尼亚大学出版社，1993年。此书中译版，胡志宏译，江苏人民出版社，2004年。

第十八章

亲历王朝覆灭

——元好问和文天祥的自述

虽然相隔几十年，元好问和文天祥都不幸做过蒙古人的俘虏。两人对各自的朝廷极其忠诚，但表现方式各异。

导读

历史上，中国多次因战争而四分五裂，但对生活于宋金末年的人们来说，蒙古人造成的破坏是前所未有的。从十三世纪初蒙古人对金战争开始，到1279年南宋灭国，中国全境无一例外受到极大破坏，城市被夷为平地，大量人口被屠杀或奴役。在这些动荡过后的很长时间里，许多人的生活仍然极为艰难。这种现象在北方表现得尤其突出。在地方社会，人们因此必须用新的方法来保护家庭、保障生计。对文人士大夫家庭来说，急剧下降的仕宦机会成为他们特别关注的问题。

元好问（1190—1257）和文天祥（1236—1283）是上述事件的两个重要见证人。元好问出身于士大夫家庭，年轻时受过良好教育，却直到1221年第七次参加科举考试才获得进士学位，之后在金朝仕途平平。无论在任职期间还是后来回乡务农之时，元好问都与众多学者保持着密切联系。金首都开封陷落时，他与数千朝廷官员及皇室成员为蒙古军队俘虏。在经历了几年监禁生活后，元好问回到山西老家，余生致力于保存金朝的历史记录。本章所选的这篇引言作于他被蒙古人囚禁期间。

文天祥是江西人。他出生之时，金已为蒙古人所灭。文天祥生活的南方及南宋已时刻感受到蒙古人的威胁。文天祥21岁参加科举，高中状元。当蒙古人在1275年加紧进攻南宋时，文天祥亲自组织参与了军事抵抗。第二年，他被朝廷任命为与蒙古人谈判的特使，并因此被关押。虽然那一次他得以逃脱，但终于1279年再次被俘。在蒙古人劝降时，文天祥写下了他流传千古的诗句："人生自古谁无死，留取丹心照汗青。"文天祥在大都（北京）被关押了三年后，于1283年被处决。他死后被誉为中国历史上最伟大的爱国者之一。他的经历与精神，在中国近现代民族存亡、抵御外敌之时得到进一步发扬光大。

作于1276年的《指南录》记述了文天祥出使蒙古军营的情况。在它的后序中，文天祥记述了他对生死及家国责任等重大问题的思考。

原文

<h2 style="text-align:center">南 冠 录 引</h2>

元好问

予以始生之七月，出继叔氏陇城府君。迨大安庚午，府君卒官，扶护还乡里。时予年二十有一矣。元氏之老人、大父雕丧殆尽。问之先世之事，诸叔皆晚生，止能道其梗概。予亦以家牒具存，碑表相望，他日论次之，盖未晚也。因循二三年，中原受兵，避寇阳曲、秀容之间，岁无宁居。贞祐丙子，南渡河，家所有物，经乱而尽。旧所传谱牒，乃于河南诸房得之，故宋以后事为详，而宋前事皆不得而考也。益之兄尝命予修《千秋录》，虽略具次第，他所欲记者尚多而未暇也。

岁甲午，羁管聊城，益之兄邈在襄汉，遂有彼疆此界之限。侄搏俘絷之平阳，存亡未可知。伯男子叔仪、侄孙伯安皆尚幼，未可告语。予年已四十有五，残息奄奄，朝夕待尽。使一日颠仆于道路，则世岂复知有河南元氏哉？维祖考承王公余烈，贤隽辈出，文章行业，皆可称述。不幸而与皂隶之室混为一区，泯泯默默，无所发见，可不大哀耶！乃手写《千秋录》一篇，付女严，以备遗忘，又自为讲说之。呜呼！前世功名之士，人有爱慕之者，必问其形质颜貌、言语动作之状，史家亦往往为记之。在他人且然，吾先人形质颜貌、言语动作，乃不欲知之，岂人之情也哉？故以先世杂事附焉。

予自四岁读书，八岁学作诗，今四十年矣。十八，先府君教之民政。从仕十年，出死以为民。自少日，有志于世，雅以气节自许，不甘落人后。四十五年之间，与世合者不能一二数，得名为多，而谤亦不少。举天下四方，知己之交，唯吾益之兄一人。人生一世间，业已不为世所知，又将不为吾子孙所知，何负于天地鬼神而至然邪？故以行年、杂事附焉。

先祖铜山府君，正隆二年赐出身。讫正大之末，吾家食先朝禄七十余年矣。京城之围，予为东曹都事，知舟师将有东狩之役，言于诸相，请小字书《国史》一本，随车驾所在，以一马负之。时相虽以为然，而不及行也。崔立之变，历朝《实录》，皆满城帅所取。百年以来明君、贤相，可传后世之事甚多，不三二十年，则世人不复知之矣！予所不知者亡可奈何，其所知者，忍弃之而不记耶？故以先朝杂事附焉。合而一之，名曰《南冠录》。叔仪、伯安而下，乃至传数十世，当家置一通。有不解者，就他人训释之。违吾此言，非元氏子孙。[1]

指南录后序

文天祥

德祐二年二月十九日，予除右丞相兼枢密使、都督诸路军马。时北兵已迫修门外，战、守、迁皆不及施。缙绅大夫士萃于左丞相府，莫知计所出。会使辙交驰，北邀当

---

[1]　李修生主编《全元文》，江苏古籍出版社，1999年，第1册，第20卷，第318—320页。

国者相见，众谓予一行为可以纾祸。国事至此，予不得爱身，意北亦尚可以口舌动也。初，奉使往来，无留北者。予更欲一觇北，归而求救国之策。于是辞相印不拜，翌日，以资政殿学士行。

初至北营，抗辞慷慨，上下颇惊动，北亦未敢遽轻吾国。不幸吕师孟构恶于前，贾余庆献谄于后，予羁縻不得还国，事遂不可收拾。予自度不得脱，则直前诟虏帅失信，数吕师孟叔侄为逆，但欲求死，不复顾利害。北虽貌敬，实则愤怒。二贵酋名曰馆伴，夜则以兵围所寓舍，而予不得归矣。未几，贾余庆等以祈请使诣北。北驱予并往，而不在使者之目。予分当引决，然而隐忍以行。昔人云："将以有为也。"至京口，得间奔真州，即具以北虚实告东西二阃，约以连兵大举，中兴机会，庶几在此。留二日，维扬帅下逐客之令。不得已，变姓名，诡踪迹，草行露宿，日与北骑相出没于长淮间。穷饿无聊，追购又急，天高地迥，号呼靡及。已而得舟，避渚洲，出北海，然后渡扬子江，入苏州洋，展转四明、天台，以至于永嘉。

呜呼！予之及于死者，不知其几矣！诟大酋当死，骂逆贼当死，与贵酋处二十日，争曲直，屡当死。去京口，挟匕首以备不测，几自刭死。经北舰十余里，为巡船所物色，几从鱼腹死。真州逐之城门外，几彷徨死。如扬州，过瓜洲扬子桥，竟使遇哨，无不死。扬州城下，进退不由，殆例送死。坐桂公塘土围中，骑数千过其门，几落贼手死。贾家庄几为巡徼所陵迫死。夜趋高邮，迷失道，几陷死。质明，避哨竹林中，逻者数十骑，几无所逃死。至高邮，制府檄下，几以捕系死。行城子河，出入乱尸中，舟与哨相后先，几邂逅死。至海陵，如高沙，常恐无辜死。道海安、如皋，凡三百里，北与寇往来其间，无日而非可死。至通州，几以不纳死。以小舟涉鲸波，出无可奈何，而死固付之度外矣！

呜呼！死生，昼夜事也，死而死矣，而境界危恶，层见错出，非人世所堪。痛定思痛，痛何如哉！予在患难中，间以诗记所遭，今存其本，不忍废，道中手自抄录。使北营，留北关外，为一卷；发北关外，历吴门、毗陵，渡瓜洲，复还京口，为一卷；脱京口，趋真州、扬州、高邮、泰州、通州，为一卷；自海道至永嘉，来三山，为一卷。将藏之于家，使来者读之，悲予志焉。

呜呼！予之生也幸，而幸生也何为？所求乎为臣，主辱，臣死有余僇；所求乎为子，以父母之遗体行，殆而死，有余责。将请罪于君，君不许；请罪于母，母不许。

请罪于先人之墓，生无以救国，死犹为厉鬼以击贼，义也。赖天之灵、宗庙之福，修我戈矛，从王于师，以为前驱，雪九庙之耻，复高祖之业，所谓誓不与贼俱生，所谓鞠躬尽力，死而后已，亦义也。

嗟夫！若予者，将无往而不得死所矣。向也，使予委骨于草莽，予虽浩然无所愧怍，然微以自文于君亲，君亲其谓予何？诚不自意返吾衣冠，重见日月，使旦夕得正丘首，复何憾哉，复何憾哉！

是年夏五，改元景炎，庐陵文天祥自序其诗，名曰《指南录》。[1]

延伸阅读

戴仁柱（Richard L. Davis）:《山下有风：十三世纪中国的政治和文化危机》(*Wind against the Mountain: The Crisis of Politics and Culture in Thirteenth-Century China*)，哈佛大学亚洲中心，1996年。

谢慧贤（Jennifer W. Jay）:《朝代更替：十三世纪中国的忠诚问题》(*A Change in Dynasties: Loyalism in Thirteenth-Century*

---

[1]　曾枣庄、刘琳主编《全宋文》，上海辞书出版社、安徽教育出版社，2006年，第359册，第8315卷，第96—98页。

China），西华盛顿大学出版社，1991年。

王锦萍:《蒙古征服之后：13—17世纪华北地方社会秩序的变迁》（*In the Wake of the Mongols: The Making of a New Social Order in North China*，*1200-1600*），哈佛大学亚洲中心，2018年。此书中译版，陆骐、刘云军译，上海古籍出版社，2023年。

奚如谷（Stephen West）:《元好问有关死亡及动乱的诗歌》（Chilly Seas and East Flowing Rivers: Yüan Hao-wen's Poems of Death and Disorder，1233–1235），《美国东方学会杂志》，第106卷，第1期（1986年），第197—210页。

第十九章

安 居
——耶律楚材的《贫乐庵记》和
谢应芳的《龟巢记》

两位经历了金元和元明朝代更替之人叙述简朴家居
生活的乐趣。

导读

　　快乐的源泉是什么？一个人如何过上快乐的生活？一
个人真的能无忧无虑吗？历史上无数的哲人、诗家、艺术
和宗教界人士都曾思考过这些问题。他们中有些人歌颂与
朋友共度时光带来的愉悦，有些人珍视独处之乐，还有一
些人则享受与普通人共度时光带来的乐趣。涉及幸福的意

义的诗文作品因此卷帙浩繁。孔子和庄子对这个问题也有截然不同的看法。受文学和艺术中越来越强调自我表达以及对仕宦与否之态度不断发展演变的影响，后来的作家学人继续探索快乐的内涵及意义，并对如何过上幸福而充实的生活阐述了各自的理解。

从宋代开始，出现了很多为书斋、私家园林或郡县亭台楼阁竣工所作的一类文体——"记"，其中经常探讨上述问题。无论修建之人自己作记或求助于友人同僚，他们的目标都是一致的：记不仅要追溯该建筑的起源和意义，更重要的是要诠释建筑者及同好的最高理想和人生抱负。

本章所选的《贫乐庵记》记录了三休道人与湛然居士（耶律楚材，1190—1244）之间的一段对话。在对话中，耶律楚材启发三休道人更深刻地理解忧乐、贫富之间的关系以及圣人君子之道。他们的对话中涉及了儒释道思想，反映了十三世纪中国北方的文化和宗教氛围。该记的作者耶律楚材是辽朝创始人的直系后裔。从耶律楚材祖父一代起，耶律家族就一直为金国效力。1215年蒙古人占领金国首都燕京（今北京）后，耶律楚材成为成吉思汗（1162—1227）倚重信赖的顾问。在蒙古人征服北方后，耶律楚材在蒙古人的制度、经济和文化政策制定过程中发挥了重要作用。

　　谢应芳（1296—1392）在历史上的地位远没有耶律楚材重要。谢应芳生活于元代后期，与当时的许多文人一样，在家乡江苏教书为业。他亲身经历了元末各路起义军，包括明代开国皇帝朱元璋（1328—1398）领导的军队，对他家乡的劫掠。在他漫长的教学与写作生涯中，谢应芳以保护古典文化和移风易俗为己任。由于一生经历了太多的磨难，他一直努力为自己寻求一种简单而心满意足的生活。他如此概括自己的追求："吾心既安，何往不乐？"虽然谢应芳是一位儒家学者，但他的两篇记里都涉及重要的道家理念。他文中提到的龟、宇宙万物、生如浮萍、用与不用、终天年等意象，皆取自《庄子》。这种儒道融合在谢应芳和他同时期的士人中颇为常见。

原文

贫 乐 庵 记

耶律楚材

　　三休道人税居于燕城之市，榜其庵曰"贫乐"。有湛然居士访而问之曰："先生之乐可得闻欤？"曰："布衣粝食，任天之真。或鼓琴以自娱，或观书以自适。咏圣人之道，归夫子之门。于是息交游，绝宾客，万虑泯绝，无毫发点翳于胸中。其得失之倚伏，兴亡之反覆，初不知也。吾之乐良以此耳。"曰："先生亦有忧乎？"曰："乐天知命，吾复何忧？"

居士进曰："予闻之，君子之处贫贱富贵也，忧乐相半，未尝独忧乐也。夫君子之学道也，非为己也。吾君尧舜之君，吾民尧舜之民，此其志也。使一夫一妇不被尧舜之泽者，君子耻诸。是故君子之得志也，位足以行道，财足以博施，不亦乐乎！持盈守谦，慎终如始，若朽索之驭六马，不亦忧乎！其贫贱也，卷而怀之，独洁一己，无多财之祸，绝高位之危，此其乐也。嗟流俗之未化，悲圣道之将颓，举世寥寥无知我者，此其忧也。先生之乐，知所谓矣。先生之忧，不其然乎？"道人瞪目而不答。

居士笑曰："我知之矣。夫子以谓处富贵也，当隐诸乐而形诸忧；处贫贱也，必隐于忧而形诸乐。何哉？第恐不知我者，以为洋洋于富贵，戚戚于贫贱也。"道人曰："他人有心，予忖度之，吾子之谓矣。请以吾子之言以为记。"丙子日南至，湛然居士漆水移刺楚才晋卿题。[1]

龟巢记

谢应芳

至正丙申，予辟地漏上，依旧识里翁刘氏家筑室一区，栖妇子，差可容膝。既而以"龟巢"题之。客或过予曰："龟亦何尝有巢哉？"予曰："子不闻乎，千岁之龟，巢于莲叶。盖其以叶为巢，初不费经营之力也。顾予此室实类之。僦地里翁，地不论直。假力邻伍，力不受佣。鸠工材则有乡邑诸友人相之，故其室不劳而成。今也闭门缩首，帖然如藏穴之龟，蛰乎其间，此龟巢之所以名也。

比数日来，春和景明，氛埃寝息，四境之内，桴鼓不惊。田夫野老，相与招致，涉桑苎之园，过桃李之蹊，瓦杯浊醪，歌舞酬酢，逍遥徜徉，又得如曳尾泥涂者，此虽巢外之乐，亦因巢而得也。但不能嘘吸导引，如龟永年。

---

[1] 李修生主编《全元文》，江苏古籍出版社，1999年，第1册，第12卷，第234页。

苟于此偷生乱离，免祸锋镝，全要领以终其天年，志愿足矣。若夫明休咎，断吉凶，决大疑于国家，浮洛出书为太平文明之瑞，则同类之中，自有备四灵相斯世者。区区巢居之乐，与坎井醯瓮同乎一天，不知大小之笑为何如。"客曰："有是哉，子之适意也。而今而后，吾亦欲从子之居，以适其适，可乎？"予曰："可。"客喜而去，予因次对客之语，是为记。[1]

龟巢后记

谢应芳

是岁八月之初，天兵自西州来者，火四郊而食其人，吾之龟巢与先旧宅俱烬矣。予乃船妻子，间行而东，过横山，窜无锡，期月之间，屡濒于危。当是时，跧伏蓬应（底），屏息若支床者，然犹数数引颈回顾，以恋其故土。明年仲秋至娄江，东近于海，潮风汐雨，漂摇栖苴。久之，遂舍之，从人间借屋而寓。阅四年，凡五徙，闻邻

---

[1] 李修生主编《全元文》，江苏古籍出版社，1999年，第43册，第1349卷，第235—236页。

邑无噍类，以是同室之人幸若再生，虽贫窭不以为苦，且复以为乐也。至吾之所乐，则又以穷居无事，得专心读古圣贤书，以广其志，仰天不愧，俯地不怍，廓如也。然视此大块，吾生若浮，与夫龟浮莲叶者何异，故所至以"龟巢"名室，虽偪仄，心有余裕，盖不以栋宇为巢，而以天地为巢也。峻宇雕墙，莫知其光，荜门圭窦，莫知其陋。但知此巢，自开辟以来，历数千载不坏，吾与万物同居其间，正不必藩篱町畦以自局也。以是而观，区区旧巢，与堕甑奚惜。虽然，物之巢居者众矣，未若拟龟之巢先后囷异。龟则拟其灵耳。若曰以灵自燋，亦其用于世者然也，世不我用，吾生自全。吁！用不用，全不全，系造物者处之如何，非龟所能为也。惟两间之巢，人不能坏，此吾心可恃而安者。吾心既安，何往不乐。第恐不知者谓无巢而有名，疑为诞，故重托毛颖氏告之。[1]

延伸阅读

罗伊果（Igor de Rachewiltz）：《耶律楚材：佛家理想主义者与儒

---

[1]　李修生主编《全元文》，江苏古籍出版社，1999年，第43册，第1349卷，第236—237页。

家政治家》(Yeh-Lü Ch'u-Tsai: Buddhist Idealist and Confucian Statesman)，收 于 芮沃寿、杜希德编《儒家人物传记》(*Confucian Personalities*)，斯坦福大学出版社，1962年，第186—216页。

包弼德（Peter Bol）：《理学与地方社会：以十二至十六世纪的一个案例为中心》(Neo-Confucianism and Local Society, Twelfth to Sixteenth Century: A Case Study)，收于史乐民、万志英编《中国历史上的宋元明更替》(*The Sung-Yuan-Ming Transition in Chinese History*)，哈佛大学亚洲中心，2003年，第241—283页。

窦德士（John W. Dardess）：《征服者与儒学家：元末中国政治变迁面面观》(*Conquerors and Confucians: Aspects of Political Change in Late Yuan China*)，哥伦比亚大学出版社，1973年。

蔡伟杰（Tsai Wei-chieh）：《比较视角下蒙古帝国的种族骚乱与暴力》(Ethnic Riots and Violence in the Mongol Empire: A Comparative Perspective)，《蒙古研究》(*Mongolian Studies*)，第33卷（2011年），第83—107页。

第二十章

一位女医生的生活与职业

——谈允贤《女医杂言》序跋

本章的主人公谈允贤是中国历史上最著名的女医之一。所选的三篇序跋讲述了她的从医生涯，以及她留给家庭和中医的重要遗产。

导读

中医的发展不仅有一系列包括《黄帝内经》在内的经典著作作为基础，而且得益于许多伟大的医学和药学家。这些人中最为人熟知的名字有张仲景（约150—215）、华佗（约145—208）、孙思邈（约581—682）和李时珍（1518—1593）。他们中有人曾跟从大师接受正式教育，另一些人则是传承家学或自学成才。历史上几乎所有备受尊敬的医生都是男性，但史料偶尔也会提及某些精英家庭出身的女性，在目睹亲人患病或不称职医生对病人造成的伤害后，对医学产生兴趣。到了明代，有关女性专业行医并积极传播医学知识的记载更多。

这些女医中，最著名的当推谈允贤（1461—1556）。谈允贤生于江南行医世家，自小便从祖母处接受医学教育，但直到自己为病患所困时才开始将自己的知识付诸应用。随着时间的推移，谈允贤不仅在自己的家乡无锡以能医著称，还编写了病例集《女医杂言》，详细描述了她的病人们的症状和自己的诊断。从长期行医经历中，谈允贤得出结论，她的许多患者的疾病源自体力方面的透支和巨大的精神压力。而这种状况又通常与紧张的家庭关系，特别是婆媳和夫妻之间的不和谐关系紧密相关。谈允贤主要使用草药和针灸治疗不愿意去男医生处就诊的女性。谈允贤活到了90多岁，以她的长寿，可以推想她一定治疗过大量病人。她的生活经历同样佐证了亲密祖孙关系的重要性，以及教育对女性生活的巨大影响。

本章共包括二篇序跋。第一篇是谈允贤为《女医杂言》所作的序，序中讲述了自己受教育和行医的经历。第二篇为谈允贤之弟谈一凤为《女医杂言》撰写的跋，谈一凤在文中对长姊的聪明才智和杰出成就深表钦佩。第三篇的作者谈修是谈允贤的祖侄，他的跋作于1585年《女医杂言》重印之际。

原文

女医杂言序

谈允贤

妾谈世以儒鸣于锡，自曾大父赠文林郎南京湖广道监察御史府君，赘同里世医黄遇仙所，大父封奉政大夫南京刑部郎中府君，遂兼以医鸣，既而伯户部主事府君承事府君，父莱州郡守进阶亚中大夫府君后先以甲科显，医用弗传。亚中府君先在刑曹，尝迎奉政府君暨大母太宜人茹就养。妾时垂髫，侍侧亚中府君，命歌五七言诗及诵《女教》《孝经》等篇以侑觞。奉政喜曰："女甚聪慧，当不以寻常女红拘，使习吾医可也。"妾时能记忆，不知其言之善也。是后读《难经》《脉诀》等书，昼夜不辍，暇则请太宜人讲解大义，顿觉了了无窒碍。是已知其言之善，而未尝有所试也。

笄而于归，连得血气等疾，凡医来必先自诊，视以验其言，药至亦必手自拣择，斟酌可用与否。后生三女一子皆在病中，不以他医用药，但请教太宜人，手自调剂而已，是已有所试，而未知其验也。及太宜人捐养，尽以素所经验方书并治药之具亲以授妾，曰："谨识之，吾目瞑矣。"妾拜受感泣过哀，因病淹淹七逾月，母恭人钱私为妾治后事，而妾不知也。昏迷中梦太宜人，谓妾曰："汝病不死，方在某书几卷中，依法治之，不日可愈。汝寿七十有三，行当大吾术以济人，宜毋患。"妾惊觉，强起检方调治，遂尔全瘳。是已，知其验矣。相知女流眷属不屑以男治者络绎而来，往往获奇效。倏忽数稔，今妾年已五十，屈指太宜人所命之期，三去其二矣。窃叹人生驹过隙耳，余日知几何哉。谨以平日见授于太宜人及所自得者，撰次数条，名曰《女医杂言》，将以请益大方家。而妾女流不可以外，乃命子濂抄写锓梓以传，庶臆见度说或可为医家万一之助云尔，观者其毋诮让可也。

正德五年岁在庚午春三月既望，归杨谈允贤述。[1]

女医杂言跋

谈一凤

杂言若干则，皆吾姊杨孺人所经验者也。孺人聪慧警敏，迥出吾兄弟辈，为祖母茹太宜人所钟爱，饮食动息，必俱，所言莫非医药，孺人能入耳即不忘，书得肯綮。长，复究极诸家秘要，而通融用之，故在在获奇效，乡党女流得疾者，以必延致为喜。晚恐其沦胥而泯，乃著是书。於戏！良医之功与良相等，古有是言，以活人之难也。溯而上之，称良相者代不数，称良医者能几何哉！而况于后世乎！况于妇人乎！是书之出，必有识者，顾余芜陋，罔测微奥，且言不足以信，传要不能轻而重之也。虽然，可得轩而轻之耶！敢赘此以俟。

正德辛未四月朔旦，京闱壬子举人劣弟一凤拜书。[2]

---

[1]（明）谈允贤著，汪剑、罗思航、李思佳校注《女医杂言》，中国医药科技出版社，2019年，第1—2页。

[2]（明）谈允贤著，汪剑、罗思航、李思佳校注《女医杂言》，中国医药科技出版社，2019年，第16页。

重刻女医杂言跋

谈 修

祖姑杨孺人以女医名邑中，寿终九十有六，生平活人不可以数计。余在龆龀，目睹其疗妇人病，应手如脱，不称女中卢扁哉！第余闻：活人众者，其后必昌。孺人之子濂既早亡，孙乔复以株连蔽罪死，爰室祀遂斩焉。岂余闻诸史册者，不足凭乎？为之扼腕者久矣。

迩间居多暇，检先世遗泽，得余大父大邑府君手书，有《女医杂言》跋语，余窃谓得是编行世，则孺人之名将藉是不朽，多方构之弗得。有客郭寒江氏持是编授余，曰："闻足下将先人之业是修，请以是书备记室之录。"余再拜受命，展卷庄读，皆正德庚午前所识，庚午后，年益高，术益神，乃无复识而传之也者。其信然乎！抑尝识之，而今已复瓿耶。

矧是编，先尝镌诸方板。里中先达，邵文庄公暨茹少㟆公辈，素重名义，不侵为许可，题跋中所称述源流治验若指掌，良足为孺人重矣。今此板无有存焉者，伤哉！斩其祀以故，其泽易湮也。余重濡翰而镌勒之，则孺人之所为活人者，不得食报于子孙，尚垂名于世，世为不朽哉。

　　万历乙酉季春修禊日，侄孙修百拜敬跋。[1]

延伸阅读

费侠莉（Charlotte Furth）：《繁盛之阴：中国医学史中的性（960—1665）》（*A Flourishing Yin: Gender in China's Medical History, 960-1665*），加利弗吉亚大学出版社，1999年。此书中译版，甄橙译，吴朝霞校，江苏人民出版社，2006年。

梁其姿（Angela Ki Che Leung）：《近年中国帝制时期女性医学研究的趋势》（Recent Trends in the Study of Medicine for Women in Imperial China），收于氏编《帝制中国女性医学》（*Medicine for Women in Imperial China*），博睿学术出版社，2006年，第1—18页。

碧悦华（Sabine Wilms）：《比男性要难于十倍医治：帝制早期医学文本中的女性身体》，《男女》（*Nan Nü: Men, Women, and Gender in Early and Imperial China*），第7卷第2期（2005年），第182—215页。

叶山（Robin D. S. Yates）：《中国历史早期女性医学初探》（Medicine for Women in Early China: A Preliminary Survey），收于梁其姿编《帝制中国的女性医学》（*Medicine for Women in Imperial China*），博睿学术出版社，2006年，第19—73页。

---

[1]（明）谈允贤著，汪剑、罗思航、李思佳校注《女医杂言》，中国医药科技出版社，2019年，第15页。

第二十一章

一位多次尝试自杀的乖张之人

——徐渭的自撰墓志铭

徐渭是明代才华横溢的作家、书画家，兼以怪癖著称。他的自撰墓志铭详细讲述了他的生活、家庭和事业。

导读

明朝下半叶，社会和文化经历了巨变。市场经济蓬勃发展，王阳明哲学的影响远超文人精英群体。明代个人主义倾向在文学创作和艺术表达方面表现出了前所未有的创造力，促进了这一时期书法和绘画的繁荣。以话本小说和戏剧表演形式出现的大众文化吸引了文人和非文人的广泛参与。十六世纪下半叶，明朝在边境地区进行了四次重大军事行动，在政治和社会上给予武人新的权力。而就在同一时期，明朝廷又以政治腐败和激烈的党争著称。两位臭名昭著的人物，首辅严嵩（1480—1567）和大太监魏忠贤（1568—1627），长期控制朝廷政事，严重打压、摧毁了文官的士气。

所有这些现象都交织于徐渭（1521—1593）的生活和仕途中。徐渭是浙江人，20岁时考中了秀才，但之后8次参试都无功而返。有一段时间，他曾谋职于严嵩的门生胡宗宪门下，帮助胡遏制东南沿海的倭寇。严嵩和胡宗宪失势后，徐渭遭监禁数年。与在仕途上的坎坷相比，徐渭在文学和艺术方面取得了令人惊叹的成就。根据他对自己的评价，他首先是一位一流的书法家，随后，在诗歌、散文、戏剧创作和绘画方面也取得了不小的成就。

徐渭还以其古怪的个性和家庭中的诸多戏剧性事件而闻名。举例而言，徐第一次结婚时是入赘；他在精神崩溃时杀害了他的第二任妻子；他曾多次试图用极端残忍的方式自杀，有一次甚至把一枚钉子刺进自己的耳朵。徐渭的自撰墓志铭作于他45岁之时，其中提及了他选择自杀的原因。不过，他的自杀尝试并未成功。徐渭最终于1593年去世，享年73岁。

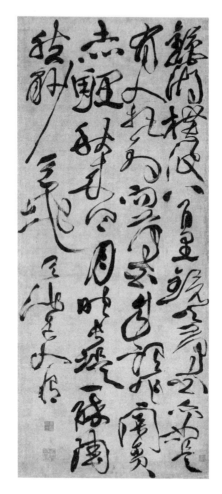

徐渭草书七言诗

原文

自为墓志铭

徐　渭

　　山阴徐渭者，少知慕古文词，及长益力。既而有慕于道，往从长沙公究王氏宗。谓道类禅，又去扣于禅，久之，人稍许之，然文与道终两无得也。贱而懒且直，故惮贵交似傲，与众处不浼袒裼似玩，人多病之，然傲与玩，亦终两不得其情也。生九岁，已能习为干禄文字，旷弃者十余年，及悔学，又志迂阔，务博综，取经史诸家，虽琐至稗小，妄意穷极，每一思废寝食，览则图谱满席间。故今齿垂四十五矣，藉于学宫者二十有六年，食于二十人中者十有三年，举于乡者八而不一售，人且争笑之。而己不为动，洋洋居穷巷，傂数椽储瓶粟者十年。一旦为少保胡公罗致幕府，典文章，数赴而数辞，投笔出门。使折简以招，卧不起，人争愚而危之，而己深以为安。其后公愈折节，等布衣，留者盖两期，赠金以数百计，食鱼而居庐，人争荣而安之，而己深以为危。至是，忽自觅死。人谓渭

徐渭《墨葡萄图》

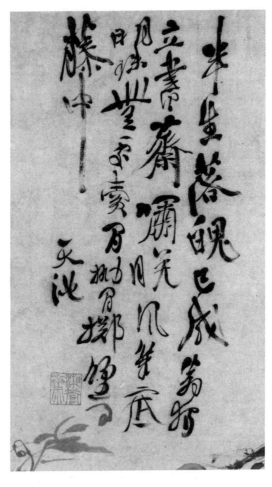

徐渭《墨葡萄图》局部

徐渭《荷花鸳鸯》

徐渭《黄甲图》

文士，且操洁，可无死。不知古文士以入幕操洁而死者众矣，乃渭则自死，孰与人死之。渭为人度于义无所关时，辄疏纵不为儒缚，一涉义所否，干耻诟，介秽廉，虽断头不可夺。故其死也，亲莫制，友莫解焉。尤不善治生，死之日，至无以葬，独余书数千卷，浮磬二，研剑图画数，其所著诗若文若干篇而已。剑画先托市于乡人某，遗命促之以资葬，著稿先为友人某持去。

渭尝曰：余读旁书，自谓别有得于《首楞严》《庄周》《列御寇》若《黄帝·素问》诸编，倘假以岁月，更用绎绅，当尽斥诸注者缪戾，标其旨以示后人。而于《素问》一书，尤自信而深奇。将以比岁昏子妇，遂以母养付之，得尽游名山，起僵仆，逃外物，而今已矣。渭有过不肯掩，有不知耻以为知，斯言盖不妄者。

初字文清，改文长。生正德辛巳二月四日，夔州府同知讳镒庶子也。生百日而公卒，养于嫡母苗宜人者十有四年。而夫人卒，依于伯兄讳淮者六年。为嘉靖庚子，始籍于学。试于乡，蹶。赘于潘，妇翁簿也，地属广阳江。随之客岭外者二年。归又二年，夏，伯兄死；冬，讼失其死业。又一年冬，潘死。明年秋，出僦居，始立学。又十年冬，客于幕，凡五年罢。又四年而死，为嘉靖乙丑某月日。男子二：潘出，曰枚；继出，曰杜，才四岁。其祖系散见先公大人志中，不书。葬之所，为山阴木栅，其日月不知也，亦不书。铭曰：

　　杆全婴，疾完亮，可以无死，死伤谅。兢系固，允收邑，可以无生，生何凭。畏溺而投早嗤渭，既髡而刺迟怜融。孔微服，箕佯狂。三复《烝民》，愧彼"既明"。[1]

延伸阅读

何予明：《表演的难度：狂鼓手徐渭的音乐生涯》（Difficulties of Performance: The Musical Career of Xu Wei's: "The Mad Drummer"），《哈佛亚洲研究学刊》（*Harvard Journal of Asiatic Studies*），第68卷，第2期（2008年），第77—114页。

柯嘉敏（Kwa Shiamin）：《离奇多变的历史：身份、表演和徐渭的〈四声猿〉》（*Strange Eventful Histories: Identity, Performance, and Xu Wei's "Four Cries of a Gibbon"*），哈佛大学亚洲中心，2012年。

赖恺玲（Kathleen Ryor）：《调节心气：徐渭军事上的恩主》（Regulating the Qi and the Xin: Xu Wei［1521-1593］and His Military Patrons），《亚洲艺术档案》（*Archives of Asian Art*），第54卷（2004年），第23—33页。

---

[1]　（明）徐渭撰《徐渭集》，中华书局，1999年，第26卷，第638—640页。

第二十二章

生活在科举地狱

——艾南英的《前历试卷自叙》

明代学者艾南英在他编选的科举试卷集序言中，尽数了考试的艰辛和磨难。

导读

在帝制时期的后一千多年中，士大夫是社会上最受人仰慕的精英群体。这一群体的成员在地理分布、家庭背景以及政治和思想倾向上各不相同。他们的共同点之一是大都有参与科举考试的经历。科举考试制度建立于六世纪末，用意在于对抗世家大族和军事勋贵的影响。科举制在隋唐之后得以广泛推行并制度化，成为朝廷招募文官的重要渠道。高中科举之人不仅可以获得学位和仕宦的资格，而且他们及其家人可在家乡获得社会声望、免税特权和士绅地位。在1905年被废除之前，科举考试一直吸引着大量来自小康及富贵家庭中最聪明、有抱负的年轻人。

在历史上，科举考试的具体政策和程序经历了多次调整，但有些方面却保持基本不变：考试需要多年准备；考生须在所在州县取得资格，才能参加在京城的考试；在所有学位中，进士学位因要求考生既精通经典又具有文学和时事分析能力而最受推崇。

宋代以降，随着越来越多的考生参加考试，科举中的竞争也愈演愈烈，州县一级考试尤其如此。十二至十三世纪时，即已出现二三十万考生争夺几百个名额的情况。虽然一些幸运儿一试即中，少数人甚至在十八九岁即中进士第，但大多数考生往往有多次参试的经历，年龄也常在三十多岁甚至更高。对于这些人来说，准备考试本身已经成为一种职业。

艾南英（1583—1646）的叙述为我们提供了一个独特的视角来审视科举对士人生活的影响。艾生活于明末，是一位多才多艺的作家和文学评论家，尽管多次参加科举考试，却未能获得进士学位。这一经历使艾南英对科举考试的艰难有很大的发言权。他的焦虑和沮丧被浓缩成一句话，在文中被反复提及："嗟乎！备尝诸生之苦，未有若予者也。"有趣的是，艾南英并不反对考试制度本身，并鼓励儿子继续参加到角逐中去。此外，艾南英相信其他考生也会有兴趣阅读参考他的考卷。因此，他在《前历试卷》序言中讲述的个人经历有助于我们理解帝制晚期文人生活中的一个重要方面。

原文

前历试卷自叙

艾南英

予年十有七以童子试受知于平湖李养白先生，其明年春为万历庚子，始籍东乡县学，迄万历己未，为诸生者二十年，试于乡闱者七年，饫于二十人中者十有四年。所受知邑令长凡二人，所受知郡太守凡三人，所受知督学使者凡六人。于是先后应试之文积若干卷，既删其不足存者，而其可存者，不独虑其亡佚散乱，无以自考，又重其皆出于勤苦忧患惊怖束缚之中，而且以存知己之感也。乃取而寿之梓，而序其所以梓之之意。

曰：嗟乎，备尝诸生之苦，未有如予者也。旧制，诸生于郡县，有司按季课程，名季考；及所部御史入境，取其士十之一而校之，名观风。二者既非诸生黜陟进取之所系，而予又以懒慢成癖，辄不及与试。独督学使者于诸生为职掌其岁考，则诸生之黜陟系焉，非患病及内外艰，无不与试者。其科考则三岁大比，县升其秀以达于郡，郡升其秀以达于督学，督学又升其秀以试于乡闱。不及是者，又有遗才大收以尽其长，非是途也，虽孔孟无由而进。故予先后试卷，尽出是二者。试之日，衙鼓三号，虽冰霜冻结，诸生露立门外。督学衣绯坐堂上，灯烛辉煌，围炉轻暖自如。诸生解衣露足，左手持笔砚，右手持布袜。听郡县有司唱名，以次立甬道，至督学前。每诸生一名，搜检军士二名，上穷发际，下至膝踵，倮腹赤踝，为漏数箭而后毕。虽壮者，无不齿震冻栗，腰以下，大都寒沍僵裂，不知为体肤所在。遇天暑酷烈，督学轻绮荫凉，饮茗挥箑自如。诸生什佰为群，拥立尘堃中，法既不敢执扇，又衣大布厚衣，比至就席，数百人夹坐，烝熏腥杂，汗浃浃背，勺浆不入口，虽设有供茶吏，然率不敢饮，饮必朱钤其牍，疑以为弊，文虽工，降一等。盖受困于寒暑者如此。既就席，命题。题一以教官宣读，便短视者；一书牌上，吏执而下巡，便重听者。近废宣读，独以牌书某学某题，一日数学，则数吏执牌而下。而予以短视，不能见咫尺，必屏气嗫嚅询傍舍生，问所目。而督学又望视台上，东西立瞭高军四名，诸生无敢仰视四顾、丽立伸欠、倚语侧席者。有则又朱钤其牍，以越规论，文虽工，降一等。用是腰脊拘困，虽溲溺不得自由。盖所以絷其手足便利者又如此。所置坐席，取给工吏，吏大半侵渔所费，仓卒取办临时，规制狭迫，不能舒左右肱，又薄脆疏缝，据坐稍重，即恐折仆，而同号诸生常十余人，虑有更号，率十余坐以竹联之。手足稍动，则诸坐皆动，竟日无宁时，字为跛踦，而自闽中一二督学重怀挟之禁，诸生并不得执砚。砚又取给工吏，率皆青刉顽石，滑不受墨，虽一事足以困其手力。不幸坐漏痕承檐所在，霖雨倾注，以衣覆卷，疾书而毕事。盖受困于胥吏之不谨者又如此。比阅卷，大率督学以一人阅数千人之文。文有平奇虚实、烦简浓淡之异，而主司之好尚亦如之，取必于一流之材，则虽宿学不能无恐，而予常有天幸然。高下既定，督学复衣绯坐堂上，郡县有司视门外，教官立阶下，诸生俯行以次至几案前，跽而受教，噤不敢发声。视所试优劣，分从甬道西角门以出。当是时，其面目不可以语妻孥。盖所为拘牵文法以困折其气者又如此。嗟乎！备尝诸生之苦，未有如予者也。

至入乡闱，所为搜检防禁，囚首垢面，夜露昼暴，暑暍风沙之苦，无异于小试。独起居饮食稍稍自便，而房司非一手，又皆簿书狱讼之余，非若督学之静专屏营，以文为职。而予七试七挫，改弦易辙，智尽能索。始则为秦汉子、史之文，而闱中目之为野；改而从震泽、毗陵成弘先正之体，而闱中又目之为老；近则虽以《公》《穀》《孝经》，韩、欧、苏、曾大家之句，而房司亦不知其为何语。每一试已，则登贤书者虽空疏庸腐、稚拙鄙陋，犹得与郡县有司分庭抗礼。而予以积学二十余年，制艺自鹤滩、守溪下至弘、正、嘉、隆大家，无所不究；书自六籍、子、史、濂、洛、关、闽，百家众说，阴阳、兵、律、山经、地志、浮屠、老子之文章，无所不习，而顾不得与空疏庸腐、稚拙鄙陋者为伍。每一念至，欲弃举业不事，杜门著书，考古今治乱兴衰之故，以自见于世，而又念不能为逸民以终老。嗟乎！备尝诸生之苦，未有如予者也。

古之君子有所成就，则必追原其扬历勤苦之状以自警，上至古昔圣人，昌言交拜，必述其艰难创造之由。故曰：逸能思初，安能惟始。故予虽事无所就，试卷亦鄙劣琐陋不足以存，然皆出于勤苦忧患惊怖束缚之中，而况数先生者，又皆今世名人巨公，而予以一日之艺，附弟子之列。语有之：知己重于感恩。今有人于此，衣我以文绣，食我以稻粱，乐我以台池鼓钟，然使其读予文而不知其原本圣贤，备见古今与道德性命之所在，予终不以彼易此。且予淹困诸生，既无以报知己，而一二君子，溘先逝者，又无以对先师于地下。以其出于勤苦忧患惊怖束缚之中，而又以存知己之感，此试卷之所为刻也。若数科闱中所试，则世皆以成败论人，不欲尘世人之耳目，又类好自表见，形主司短长，故藏而匿之。然终不能忘其姓名。骊儿五岁能读书，将封识而使掌之。曰：此某司理、某令尹为房考时所摈也。既以阴志其姓名，而且使骊儿读而鉴，鉴而为诡遇以逢时，无如父之拙也。[1]

延伸阅读

贾志扬（John W. Chaffee）：《棘闱：宋代科举与社会》（*The Thorny Gates of Learning in Sung China: a Social History of Examinations*），

---

[1]《天佣子集》卷二，梯云书屋，光绪己卯（1879），4a—9a。

剑桥大学出版社，1985年。此书中译版，江苏人民出版社，2022年。

魏希德（Hilde de Weerdt）：《义旨之争：南宋科举规范之折冲》（*Cometition over Content: Negotiating Standards for the Civil Service Examinations in Imperial China*），哈佛大学亚洲中心，2007年。此书中译版，胡永光译，浙江大学出版社，2015年。

艾尔曼（Benjamin Elman）：《晚期帝制中国的科举文化史》（*A Cultural History of Civil Examinations in Late Imperial China*），加利福尼亚大学出版社，2000年。此书中译版，高远致、夏丽丽译，社会科学出版社，2022年。

何炳棣（Ho Ping-ti）：《明清社会史论》（*The Ladder of Success in Imperial China: Aspects of Social Mobility, 1368–1911*），哥伦比亚大学出版社，1962年。此书中译版，徐泓译注，中华书局，2019年。

第二十三章

一位皇妃的自咏
——崇昭王妃钟氏的琴歌

这首琴歌的词曲由明代一位藩王世子的正妻创作并刊印。作者以训诫世子遗孤的口吻，以过去三十多年来守节尽忠、代夫终养、抚育遗孤、摄政理国的经历，讲述自己如何克服诸般艰苦，矢志作一名节妇、孝女、慈母和贤妃。

导读

在明代，不继承皇位的皇子会被授予王爵，离开京城，去往各自封地的王宫居住。其嫡长子可继承王爵，袭封前称世子。其余各子封郡王，郡王嫡长子袭封，其余各子不袭王爵，但可享有级别更低的爵位和俸禄。这些宗室成员代代繁衍，构成一个庞大的世袭贵族群体，食天子之禄，以保其终身衣食无忧。嫁入宗室的女性亦各有相应的封号，藩王正妻称为王妃，世子正妻称世子妃。

这些女性极少留下历史资料。然而，有一位世子妃却将自己的身世经历谱写成长诗并配以琴乐，制为琴歌，因而得以青史留名。虽然明代女性的写作和出版呈现显著增长的趋势，但如此详尽的自传体长诗可谓凤毛麟角。作者钟氏的丈夫原是崇端王次子，后因其兄夭亡而被立为世子，未袭王爵而薨。其时端王已年迈多病，更无子嗣。所幸世子尚有遗腹子可继承王位，才不致废国。钟氏从先夫的父亲端王去世前几年直到遗腹子长大袭爵，期间代为料理国事十余载，并最终得为先夫追封王爵。钟氏将这首歌收录于自己编纂的一部琴谱中，于1620年之后、钟氏在世时付梓，现存原刊本。

这首歌的乐谱采用古琴减字谱记录，可知其演奏形式为琴歌。在现存三百余首古代传统琴歌（指包含歌词的古琴作品）中，钟氏的这首歌是已知唯一由女性创作并出版的。这首歌形式上采用当时惯例，分为多段，每段有序号和标题。各段标题用以总括其旨，不属于唱辞。钟氏有意选择琴歌这一形式，以强化其自身的道德形象。这不仅是因为音乐与歌诗传统在儒家理论下具有强烈的道德教化意义，更是因为古琴本身历来被视作上古圣王之器，抚琴与听琴常被认为是君子高士、贤媛淑女的雅好。

钟氏在为这首琴歌所撰的自序中写道，她希望后世之人能够通过此歌了解她此生经历的艰辛，以感发其善心。歌词内容集中展现钟氏对藩国和家庭的功劳，塑造了一个历尽困苦、尽忠尽责的节妇形象。事实上，早在这首琴歌出版之前，钟氏守节贤孝的名声已经远播。根据她的记述，朝廷曾特赐为其建坊，以示旌表。

原文

历 苦 衷 言

钟　氏

第一段　授言自叙

予生董村，选入王门。改封世妃荷皇恩，宫壶一人。彩仗辉鸾舆，金册耀龙文。怕难消天眷缤纷，富和贵，荣与尊。谁知万苦千辛，万苦千辛，好与尔诸孤知闻。

第二段　奉事各宫

忆当时成太高年，父王的那沉疴缠绵。劬劳圣母，还忧那痰症难痊。朝夕间问寝侍膳，奔走共周旋。一切国事，多靡持那世主烦难。怕劳伤玉体，靠谁为天。倘时乎恙微沾，顿令我胆破心寒。药必亲尝，体必即安，心始宽。一桩桩忧愁，惊怕难言，苦难言。

第三段　佐修懿德

人争夸世主仁明，河间与东平。仍要辅助厥躬，亲近贤能，乐善播雄风。

第四段　多方求嗣

叹曾生未育，念宫娃亦虚。助请媵妾，欲广国储。见世主谨严侍妾，封锁门闾。劝主呵，有罪分宽舒。嘱妾呵，用心分起居。焚香斋沐，常自诵佛道经书。愿梦兰兮垂祐，但卜钗兮谁拘。只为那五世香火，何日里遂区区。

第五段　重遭国难

奈昊天不吊，连降灾殃。成太太、徐娘娘，相继薨亡。奏改金井，循礼居丧。叹孝敬非常，劳苦亦非常，我担那多少愁肠。岂料仅仅三载，前劳举废，病卧匡床。众医环如堵，不出一奇方。待星回斗转，哭祷穹苍。愿减我寿算，增夫延长。诚竭兮，神不应；天塌兮，日无光。宫府无主，内外惊慌。外人呵，屡行欺嘍。国事呵，靠谁担当。血泪呵，泉涌沾裳。

第六段 矢节全孝

古烈芳名，彤管纪其行。我从夫地下，泰山一掷轻轻。宫女云拥，提防我时时刻刻的那相从。千回万转，虑始筹终。古也有香留侠骨，古也有操凛霜清。况父王年老，谁与看承。不徒死，岂贪生，要安绥的那孝敬神灵。

第七段 哀诉众官

大事丛集，眇躬孤立，怕国事错张弛。见众官进吊，礼仪徘徊。没奈何垂帘哀告，痛哭更流啼。父王呵，年老有疾。寡妃呵，孤苦无依。垂怜弱国，借仗弘庇。这都是万万分，不得已的强撑持。天既生我兮，何为其极。

第八段 报奏孕喜

盖棺给服惟均，六宫中粉黛，济济如银。近侍诸人，玉钥金锁，命启封尘。见五娥黄面，还疑疾病相侵。召良医诊视，孕喜皆真。披红赏花更新，鼓吹导送声欣欣。启父王知闻，内外两司，府县移文，仍具本奏明君。拜斗祈神，惟愿生帝子王孙。

第九段　遗腹诞生

佳气郁葱，瑞云五彩，光浮银榜铜龙。初逢弄瓦，气结神瞢。赖祖宗积德，一年内弄璋连琼。见尔母俱头生，艰难困苦堪惊。感神天怜悯也，幸各安宁。为尔奏请补额，心力费陈情。

第十段　调养藐孤

虎年闰月世相同，重齿巧舌异足征。我时时捧持，抚摩儿躬。看他欢欣嬉耍，乐意相通。肩背手扯，恨口小未能囕容。婆子奶母，嘱咐叮咛。内外大小，恩待宽强，都只为保护关情。那个伤乳，那个伤风，身提在凉水盆中。亲调治，竭心精，且慢说犀帷珠褓，银鹿金屏。

第十一段　遵例请名

仰清朝令甲，炳如星日。五岁遵例，三孤连名。允俞荷遭逢幸，宗伯赞勷而成。嗟孀妃，拮据非轻。金枝庆永，玉牒光生。官府欣动，汝海欢腾。金云名请，实攸关他日爵封。追厥始，皆托赖补额之功。

第十二段　请敕理国

父王自虑年高，孤儿尚幼，那知国事纷嚣。例援唐国，敕赐皇朝。将一切弹压，机务听予操。凡尔租禄，不许侵耗。凡尔宗仪，不许强豪。更谕我抚孤嗣爵。天语谆谆，尤重在儿曹。我也孤孀，自揣重担难挑。敢不俯伏拜受，循理平心，禀父命任焦劳。

第十三段　教育婴孩

尔生富贵，长在繁华。习染岂可骄奢，举动莫差。须要敦诗悦礼，又要近正逐邪。听言受善争夸，孝敬慈谨守家法。振理基业，不负我孀苦，切望无涯。

第十四段　知年喜惧

念父王古稀，已营莵裘。感天恩存问，率儿称觞也，共祝千秋，斑彩盈眸。一则一（以）喜兮，海屋添筹。一则一（以）惧兮，蔗境难留。怕宫娥怠慢优游，三时问安兮，宫漏增忧。五夜代省兮，号铃悬愁。安得尔即时成立身修，奉翁理国，此外更何求。

第十五段　蒙敕建坊

上奉吾翁理所当，下抚吾儿分之常。我已甘心茹苦，岂为名芳。乃有汝南月旦，宗仪文武，合那两学贤良。遵诏激扬，举节孝亦惟儿行。抚按交章，敕奖特赐立坊。淑慎端贞，大哉言表出衷肠。纶綍辉煌，郡乘亦采入，愧德凉，深愧德凉。

第十六段　代夫终养

吁嗟兮，夫君先薨，抛父王多病遐龄。我代大奉养，昼夜战战兢兢。尝药饵，珍膳亲供。恨无那，灵瓜仙椹，碧藕青精，益寿长生。哀哉吾翁，侍几筵，难睹仪容。祭之以礼兮，独吾行。葬之以礼兮，独吾行。论祭论葬兮，事匆匆。不能执绋兮，泪徒零。命儿远出兮，系心旌。形在宫中兮，神相从。夫见吾翁兮，应知我，历尽苦无穷。

第十七段　积德行善

人皆有不忍之心，见宫女平昔火葬非仁。尝闻泽及枯骨，命与卜地修坟。更可怜衰老的孤贫，无倚无亲，给居食养济纷纷。命朝海礼观音，丹崖紫竹，仿佛若睹若闻。建庵祝厘频频，参岭香焚，岱岳香焚，是我保孤祐国诚心。广行阴德，顶礼众神明。

第十八段　崇正除奸

百代帝王师，惟有宣尼。托孤寄命言，于我戚戚。庙貌忍见倾欹，亟命修葺。刘公报国，三世尽瘁，的那臣节无亏，祠祀皆宜。那料有凌嫡欺孤奸回，外诬内乱相危。将睥睨惩锢，枭滑手剪也，深荷天威，仰仗神祇。也是我驱邪秉正，国事赖宁息。

第十九段　承嗣王爵

庆王国泰运重开，感皇恩纶命飞来。宫庙欢踊，殿苑春回。冲年承祧，金玺朱绶，俨然冕藻崔嵬，仁厚多材。

工书好学，孝比南陔。聪察岐嶷，智比邓哀。看他象贤济美，凤雏麟胎。昔尝蒙敕谕，今始慰予怀。

第二十段 晋封特典

宗藩要例定追封，部省移文。今昔皆同，念王赤诚。三恳天恩，冠服册命荣膺。明旨后不为例，各藩前亦何曾。创见特典奇逢，荷兹宠荣。上与晋位昭王，的那敕命光增，大孝尊亲。帝心简在，不负我生平。

第二十一段 婚选佳偶

睿德浚发韶年，好逑淑女良缘。我请旨万选，比玉端妍，金屏宝婺光连。看他幽闲贞静，好寄蘋蘩。六体临轩，百两三驷争看。命香捻，拜祝言，鸾墀交影的那翩翩，凤掖和声的那关关。宜尔室家，宜尔子孙，瓜瓞永绵绵。

第二十二段 原始垂训

记承恩好合，如鼓瑟琴。夫妇敬如宾。教我读书写字，通古知今。岂料国事相临，一切诸苦难，忍痛向谁云。借琴音写我心，哽咽泪淋淋，此苦更比熊丸深。愿王始终体念，勉力行仁。子子孙孙，万载千春，知有受苦未亡人。[1]

---

[1] 中国艺术研究院音乐研究所、北京古琴研究会编《琴曲集成》第九册，中华书局，2010年，第1—95页。

延伸阅读

方秀洁（Grace S. Fong）:《她自己为作者：明清时期的性别、能动力与书写》（*Herself an Author: Gender, Agency, and Writing in Late Imperial China*），夏威夷大学出版社，2008年。

高罗佩（Robert H. Van Gulik）:《琴道》（*The Lore of the Chinese Lute: An Essay in the Ideology of the Ch'in*），兰花出版社（Orchid Press），2010年。此书中译版，宋慧文、孔维锋、王建欣译，王建欣校订，中西书局，2013年。

王岗（Richard G. Wang）:《明代藩王与道教：王朝精英的制度化护教》（*The Ming Prince and Daoism: Institutional Patronage of an Elite*），牛津大学出版社，2012年。此书中译版，秦国帅译，上海古籍出版社，2019年。

吴泽远（Zeyuan Wu）:《成圣：明清时期的琴歌与修身》（*Becoming Sages: Qin Song and Self-Cultivation in Late Imperial China*），博士论文，俄亥俄州立大学，2020年。

第二十四章

经历重大自然灾害

——陈其德和蒲松龄触目惊心的描述

明末清初的两位作者描述其家乡因极端天气而遭受的种种灾难。

导读

十七世纪，欧亚大陆大部分地区经历了"小冰河期"。气候变化，特别是气温下降，对环境产生了极大压力，导致了饥荒、虫害、流行病和社会动乱。绝望的农民组织起来，大肆劫掠，士兵也离开队伍加入其中，而明朝政府却缺乏足够的资源与能力来缓解这种局面。这种社会动荡混乱不堪的局面最终导致了明朝的崩溃。清王朝虽然恢复了政治社会秩序，却对天气无能为力，而不正常的天气继续时而在各地对人们的生计造成困难。这一时期幸存下来的史料中，大量详细记载了灾难发生时多地的情况。

下面两篇记载中的第一篇作于明末，1641年。除了文中提及的某些个人信息之外，我们对作者陈其德知之甚少。陈的家乡是浙江省桐乡县，桐乡距杭州不远，而杭州在历史上很少罹患旱情。然而，正如陈所述，十七世纪初，该地区经历了一场又一场的危机。陈其德曾在1642年写下了又一份跟踪报告，称由于时疫流行、人口大量死亡，当地的情况变得比一年前更加糟糕。

本章所选的第二篇叙述作于十八世纪初，作者蒲松龄（1640—1715）生活于北方的山东。蒲松龄的记述表明，即使在相对和平安定的康熙朝（1661—1722），恶劣的天气也可能导致各种社会问题。如今，蒲松龄主要以他的《聊斋志异》而闻名，但他其实更是一位博览群书、兴趣广泛的学者。

虽然这两位作者似乎都是在报道亲身经历，却采用了史学家的写作风格，试图客观地描述他们所在地区的总体情况，而没有提及他们自己或家人的具体经历。也许是为了让他们的文字尽可能有说服力，二人都没有过分强调这些灾难对他们亲近之人的影响如何。

原文

灾 荒 记 事

陈其德

予生也晚，不及洪、永开辟之盛，并不及见成、弘熙皞之时。犹记万历初年，予始成童，在在丰亨，人民殷阜。斗米不过三四分，欲以粟易物便酸鼻弃去，豆麦辄委以饲牛豕，而鱼鲜鼎肉之类，比户具足。人以为常享如是耳，岂知人心放纵，天道恶盈。一转眼而岁在戊子，淫雨淋漓，远近一壑。越己丑，赤地千里，河中无勺水，鞠为茂草者两月。当是时，积米一担，博价一两有六。然米价腾贵，仅以月计。便觉野无青草，树无完肤，而流离载道，横尸遍路矣。过此而至天启初年，虽屡贵屡贱，犹未至荒苦之甚也。奈自魏党播虐，流毒缙绅，将海内忠肝义胆之豪，尽化为桁杨肺石之鬼。于是天怒于上，民怨于下。即新主英明果断，歼厥巨魁，但一时元气，未能挽回。下多草窃，内忧外患，约有二十余载。

至崇祯十三年，大雨积旬弥月，较之万历戊子，水更深二尺许。四望遍成巨浸，舟楫舣于床榻，鱼虾跃于井灶。有楼者以楼为安乐窝，无楼者或升于屋，或登于台，惟虑朝之不及夕。米价初自一两余，渐至二两余。至水退，而吴兴之农父，重觅苗于嘉禾，一时争为奇货。即七月终旬，犹然舟接尾而去也。

越明年，为崇祯十四年，旱魃为灾，河流尽涸。米价自二两骤至三两，乡人竟斗米四钱矣。虽麦秀倍于他年，终不足以糊口。或啮糠粃，或啮麦麸，甚或以野草树肤作骨，而糟糠佐之。即素封之家，咸以面就粥。二餐者便称果腹，而一餐者居多。夫弃其妻，父弃其子，各以逃生为计耳。若动用什物，山积于市，得用者半估携之而去。至美好玩弄之器，莫有过而问者。呜呼，民穷极矣！不惟称贷之门绝，即典当之物亦竭。呼天而天不应，叫阍而阍无路。故朝而宛转呼号，暮而膝行匍匐。一有倾跌，便如在怒涛中，不能复生。或余粒尚含，而已僵仆矣。仁人君子，有不见之而泣数行下乎？

其有幸存残喘，勉完稼事，而又飞蝗蔽野，害及苗禾。既而溪流复涸，不惟桔槔无力，即有力者，其能挽天河之水，以润枯茎哉？且疫痢交作，十室而五六。其间就木者或有之，而无木可就者，不过以青蝇为吊客，以蒿蒲为窀穸。举而弃之长流者，不知几何矣。彼如日用之物，无不数倍于昔。即鸡之抱子、鸭之生雏，亦四五倍之。以至豆之作腐，非数十余钱，则八口之家不能沾唇。又自猪料一贵，中人之家不能豢一豕，所谓二母之彘者，早已付之鼎俎。前此或白镪一两，可得汤猪一口，今则一猪首亦索价八九钱。故昔之鸡犬相闻者，今即闹市之中倾耳听之，早上得一鸡声，便如华亭鹤唳。向来之荒，不过以府计，或以省计，此一番不惟我浙，近而南都，远而齐鲁，而洛下、楚中，至京师为甚。大约非死于兵则死于荒，不死于荒则死于疫。生民几何，其堪此种种也。岂造物生息太繁，播此一番虐焰？亦生民暴殄已甚，故帝心厌弃至此耶？但人心苦则善心生，一饱暖便生纵恣，纵恣则恶心生。倘能长存米珠薪桂之思，则人人可与证道，岂特可以谋生也哉？予恐后之君子不能长自警省，故一点婆心，托笔相告。勿视为老生腐谈，幸甚幸甚！

　　崇祯十四年中元日，松涛居士识。[1]

---

[1]（清）严辰纂修《光绪桐乡县志》，卷二十，光绪十三年（1887）刊本，8a—9a。

康熙四十三年记灾前篇

蒲松龄

　　癸未四月，天雨丹，二麦歉收。五月二十四日甲子，风雨竟日，自此霪霖不休，垅中清流潺潺出焉。农苦不得耰，草迷疆界，与稼争雄长。六月十九日，始大晴，遂不复雨。低田水没胫，久晴不涸，经烈日，汤若煮，禾以尽槁。高田差耐潦，然多蚩，蚩奇臭，族集禾籉，籉为坟起。剖之纷纷四出，日既上，则入土而伏。禾被嚼以枯，以秕，蠤尽臭，牛马不食。类最繁，又善蛰，冬冰雪之不死。麦未抽心，蠢蠢已动，不可逐，不可扑灭，为害无已时。唯豆不籉，而得无恙；而豆未华，更无滴雨到地，人无复望。其收者，朝视之，露荧荧缀焉，亦花、亦角、亦实，亩敛二斗，天所在，理不必其有焉。顾久旱，田深半尺无润土，种麦衍期。中秋小雨，不可耕，农憋憋自急，或起浮土，时播数亩，苦置之；廿七又雨，倍中秋，天已寒，无敢不耕。犁入地，仅没其锐，耕且耰，湿覆而干承之，五日后，燥不可耕矣。初种者苗出断复续，细才如丝；后种者不复出，爬视之，一二萌生焉。中秋所种，经雨斩然，垄无段际，但瘠不肥，俟明年雨肥之；而一冬无雪，天微和，陌上起黄埃，道不坼。

是年因未得霖雨，六郡皆饥，粟暴贵，腊将尽，麦粱斗七百，菽粟五百，而钱之选也苦。先是官谕：市中杂钱，姑从民便，都中新钱下，不许复行矣。贸易者皆惧，非旧日官钱斥不用，而官钱一又被私铸者毁为两，间有存者仅焉耳。久之，新钱不下，携千钱并不能籴升米，胶、莱间多有抱钱而饿死者，上下官又严刑驱迫，而黄庨、黑庨、六腿、椅钱之类，始稍稍复行。县有糠市里许，至夕售尽。空禾场中，风飘帚掠者囊五六十，粟谷倍焉。乞丐趾错于门，即糠秕亦不能噬来之。岁丰，大贾富，岁饥，俭农富，岁馑，勤农富，是时家千石粟、千畦菘韭，与万户侯等。朝廷截漕五十万，遣旗官百余员，分道赈济，独淄不成灾，未与赈，幸皇恩肆赦，两税尽蠲，此天地之施行，则雷公电母不得择地而雨露之矣。

过岁，正月廿七初见雪，二月廿三又雪，雪既融，麦未出者尽出，出者尽长。去秋未种者，物色北地春种，日转麦，斗值千五百，遥遥负载归，亦尽种。而由此雨复绝，麦秋种者旱死之，春种者蜇死之，转湾种者高田亢死之，惟秋旱种者，茎四寸许，尚有蝇头穗。家数亩麦，男子出行乞，姑妇生拔之，篮而归，庭而晒，捣杵其敛具也。粟至此价亦腾，斗至千钱。鬻儿卖妇者，邑无赖居为肆求售，取牙利焉。春初，榆皮一空，遥望玉树成林，杨柳槐因叶及枝，髡之童童然；桑生鼠耳，家家护守之。或近浇村，村恶少转相连纵，负筐簏，百十为群，若蚁聚，若猱登，主者莫敢呵，睨之而已。六郡皆患荒，淄独患再荒；六郡皆患旱，淄独兼患蜚；六郡皆患饥，淄兼患盗。自冬警盗，邑无宁村，村无宁日。家中粟盈斗，钱盈贯，箱有完衣，目即莫敢暝，防少懈，白刃加颈矣，故有朝而素封，夕而丐食者。盗又益多，渐至十余人，或至四五十人为族，纵火烧村舍，杀人行淫，罔不至，微独不敢报，亦不敢伤。盖为盗官不知，人命官知之；盗杀人官不问，人杀盗惧官问；盗犯无死法，人命犯无生法也。或彻夜哄，但矢去镞，铳去丸以惊之，散焉则已。

淄至是弥望无青草，而境之南、之西、之北皆有麦，于是荷担褓子，流离道中，皆淄人也。有村廿余家，仅余四扉未阖，而盗日横，惧孤，亦他徙，一村遂空。是时十分淄，耗者死二而逃三，存者人三而贼二。五月底犹不雨，存者亦渐逃，惟贼不逃，如虱附物，物虽瘵，未死，尚可附也。道殣无人瘗，禽犬分葬之，人俭而畜丰矣。郡城为流人所聚，国若焦。郊关善士，为掘瘗井，深数尺，纳尸焉；既满复掘，盖十余井，犹未已也。货人肉者，凌晨驱驴，载送诸市肆，价十分羊之一；或炼人膏而渍之，以杖荷坛，击铜板市上，价视乌麻之槽磨者；得入瘗井，犹大葬也。不死者，露秽眠道侧，将死亡羞，虽生亦忘情。或偕口俱出，死其一，行矣不顾，尸横路衢，无鸣哭者。草间有弃儿，怜者收恤之。至是人益贱，垂髫女才易斗粟。幸六月初九雨深一犁，下仅隔燥土三寸许，然阁阁耕声满野矣。播虽晚，顾地中无蜚迹，盖上无青草，无食所，下无湿土，无栖所，故子母皆焦毙。天若曰："蜚害淄人，非三年旱，不能殄灭也。"旱之祸，他邑均受之；蜚之祸，淄独受之矣。[1]

延伸阅读

方秀洁（Grace S. Fong）：《叶绍袁与明清更替时期的自传写作》（Reclaiming Subjectivity in a Time of Loss: Ye Shaoyuan（1589–1648）and Autobiographical Writing in the Ming-Qing Transition），《明史研究》（*Ming Studies*），第72卷，第1期

---

[1]（清）蒲松龄著，路大荒整理《蒲松龄集·聊斋文集》，第2卷，中华书局，1962年，第47—49页。

（2009年），第21—41页。

伊懋可（Mark Elvin）、刘翠溶（Liu Cuirong）编：《积渐所至：中国环境史论文集》（*Sediments of Time: Environment and Society in Chinese History*），剑桥大学出版社，1998年。

魏斐德（Frederic Wakeman）：《中国与十七世纪的危机》（China and the Seventeenth-Century Crisis），《清史问题》（*Late Imperial China*），第7卷（1986年），第1—26页。

魏丕信（Pierre-Etienne Will）：《明清更替之际在上海长大成人：姚廷遴（1628–after 1697）的〈历年记〉》（Coming of Age in Shanghai during the Ming-Qing Transition: Yao Tinglin's（1628–after 1697）*Record of the Successive Years*），《古今论衡》（*Gujin lunheng*），第4卷，第2期（2000年），第15—39页。

第二十五章

一个冒充官员的诈骗犯

——罗奋鹏的供词

一名以卖字为生的男子冒充官员，到处向其同乡行骗。事败被抓后，他对罪行供认不讳。

导读

在中国历史上，整个十八世纪，特别是乾隆朝（1736—1796），往往被描绘为一个盛世。当时清代的人口持续增长，税收水平较低。表面的繁荣掩盖了诸多政治冲突和社会不和谐现象。乾隆皇帝策划了大规模的文字狱，改写或销毁所有对北方非汉人带有侮辱性的记录。此外，地方匪乱、大规模起义和种族冲突，则不时破坏和平的局面。非暴力犯罪，如欺诈和盗窃，很少出现在前代的历史记录中，存世的清代档案却包含了大量此类犯罪的记录及常规案例报告。这些记录可以加深我们对生活在社会边缘的人群的了解。

本章收录的是一个名叫罗奋鹏（生于1726年）的诈骗犯的供词。罗肯定是一个有天赋之人，因为成功的诈骗需要对人有敏锐的观察了解：谁最容易上当？如何获得他人的信任？人们愿意把钱花在何处？什么容易让人产生怀疑？如果诈骗中涉及模仿的需要，骗子还必须具备令人信服的演技。鉴于罗奋鹏成功地欺骗了很多人的钱财，他很可能是一个相当有能力的人。但罗最终还是落入法网。需要提及的是，冒充官员在清代（以及之前的明代）被视为政治罪（即使罪犯没有任何政治动机，只为单纯获利），尽管与盗窃的动机类似，但因其构成对政府的威胁，也可能被处以死刑。

在他的供词中，罗奋鹏描述了他离开家乡江西长途跋涉的历程，先是向西进入湖南和湖北，然后又向东进入江苏。罗奋鹏最初靠卖字为生，收入不高，但起码是合法的营生。他的供词自始至终没有提及他的内心感受，这点本身并不奇怪。我们因此无法得知，他为什么没有像其他许多受过足够教育的人一样，接受自己的境遇，留在家乡，以教书为业。也许他喜欢流浪，并试图从中找到生活的意义。我们也无从得知他决定假扮官员诈骗时，到底在想什么。也许当他发现自己善于骗人时，曾为之兴奋。但有一点我们可以肯定，罗一直保持警惕，并不止一次地变换诈骗地点。

在阅读法律案件中的供词时，我们自然须考虑到当时的具体情况。被告必须承认已从其他证据中证实的犯罪事实，却不想让人觉得自己是一个恶人。鉴于罗奋鹏有读写能力，他完全可以自己写下他的供词，但我们读到的这份材料更可能出自一名书记官对罗口供的记录整理。

原文

罗奋鹏供词

我是吉安府庐陵县人，本姓罗的，名奋鹏，李荣宗是捏造的。今年三十八岁，父亲罗君正，弟即罗云鹏。娶妻李氏，生子勋官，年止八岁。我自二十四年出门，由湖南至湖北，一路卖字度日，并不假冒官职。二十五六年到河南各处卖字，亦无为匪诓钱等事。

二十六年十一月内闻得圣驾南巡，要去观看。二十后到了扬州，先在打铜街江西单子贤针铺住下。因见扬州热闹，起意假官诓骗，就捏名欧阳璋，说是捐纳同知。又遇着了花椒巷开裁缝店的李焕彩，也是乡亲，向他说我是安福欧阳璋，因渡黄河坏船，行李漂失。他就信以为实，替我借了十六两银子，又向吉安课船上的舒文、曾二两处共借了八十两，做了衣服，雇了家人，戴着水晶顶，假充欧阳璋名字，去拜南昌监生卢煊。见过几次，又拜扬州军厅解韬。他也是吉安人，想他送些程仪，他办差去了，不曾见得。又有镇江卫后帮千总欧阳卫国押运到扬州，并他兄弟欧阳治平，同乡水客熊文进，都曾往还过。欧阳卫国就开船去了，并没骗过银钱。

因在扬州久住，恐怕败露，二月十九日就把顶子丢弃，带了用剩的二三两银子逃走。过江，二十三日到了苏州。三月初二日到了杭州。在西湖上顽了几日，因盘缠用尽，又想诓骗，随在摊子上买了一个暗蓝顶子。恐怕扬州人寻来，不敢仍充欧阳璋，改名李春观，说是吉安人，捐纳知府。去拜同乡杭州府曾曰理，没有接见。又有处州营游击曾节基在杭州办马差，是江西人，我又去拜他，希图送些程仪，也没有会面。我没钱使，就卖字为活。

后又走到江宁。见江西水客在彼甚多，仍戴了蓝顶，冒了李春观名字，去拜他们。写了些字幅送去那。水客陈履祥、黄灿先等攒给了三十多两银子。

五月内自江宁起身，仍旧在江北寿州一带卖字度日。今年正月二十日又到了湖北通山县九宫山，住在九一宫庙中。道士刘敬廷也是江西人，请我吃饭，没有香钱送他。想起有个同乡李煊曾做沅江县知县，就假了他的姓名，写了两个匾式，并写"赐进士出身户部主司福建邵武府奉政大夫随驾南巡恩赐朝珠挂包加一级"字样，不过是夸耀他的意思。不想二十三日到通山县城外饭店里住下，店内有姓余的同人压宝被捕役拿获，把我一同带去查问，我一时情急就戴上顶子，说是候补知府李煊。通山知县问了一回，交差押着再审，我就乘间逃走了。二月初六日，走到武宁县山口地方洪南阳家借宿。初七日有一廪生叶光嘉见我戴有顶子，便留我回家，我假说做过福建漳州府知府，叶光嘉因他亲戚聂昂谟为族谱的事正在结讼，许我八十两银子，要我到县求情，就一同走到县城。我自揣情虚，不敢去见知县，就乘空逃走，到沙田地方。十四日，被武宁、通山两县差役拿了到案，并没收受叶光嘉、聂昂谟的银钱。此外并无不法情事，就在庐陵本籍，也只是训蒙度日。[1]

延伸阅读

卜德（Derk Bodde）、莫里斯（Clarence Morris）：《中华帝国的法律》（*Law in Imperial China: Exemplified by 190 Ch'ing Dynasty Cases*），哈佛大学出版社，1967年。此书中译版，朱勇译，中信出版社，2016年。

何谷理（Robert E. Hegel）编：《十八世纪中国犯罪实况：二十个案例》（*True Crimes in Eighteenth-Century China: Twenty Case Histories*），华盛顿大学出版社，2009年。

马伯良（Brian E. McKnight）、刘子健（James T.C. Liu）译：《宋〈清明集〉选译》（*The Enlightened Judgments: Ch'ing-ming Chi: The Sung Dynasty Collection*），纽约州立大学出版社，1999年。

马礼彬（Mark McNicholas）：《清代中期有关伪造的案例中的贫困故事与法令政治》（*Poverty Tales and Statutory Politics in Mid-Qing Fraud Cases*），收于何谷理（Robert E. Hegel）、柯丽德（Catherine N. Carlitz）编：《帝制中国晚期的写作与法律：犯罪、冲突与判决》（*Writing and Law in Late Imperial China: Crime, Conflict, and Judgment*），华盛顿大学出版社，2007年，第143—160页。

---

[1]　台北故宫博物院编《宫中档·乾隆朝奏折》，第17卷，台北故宫博物院，1982—1989年，第243—246页。

第二十六章

一个幕僚飘忽不定的生活

——汪辉祖的自撰年表

汪辉祖一生任幕僚多年，做过几年地方官，于晚年完成长篇自传。在中国的自叙传统中，这种作法并不常见。他的自传根据多年保存的日记和笔记整理而成，讲述了人生中许多重要的转折点。

导读

宋代以降，随着参加科举的考生越来越多，屡试不中的人数也稳步增长。虽然有些拥有土地的殷实之家可以在子孙应试期间保障他们的生活，但大多数参试者不得不自行寻求谋生手段。在私塾或各类学校任教是常见的职业选择。到了清代，担任各级地方官的幕僚收入更高，相形之下不失为更好的选择。朝廷对地方官员的诸多职责要求通常意味着，后者需自行雇佣处理各类文书的人手，特别是熟知法律法规或税收政策的顾问。这些幕僚与胥吏不同。胥吏虽然也粗通文字并参与处理各类文书，他们与所效劳的地方官员属于不同的社会阶层；胥吏通常子承父业，在整个职业生涯中服务于同一地方政府。相比之下，幕僚则被视为文人士大夫，通常与他们服务的官员有一些私人关系，并可能跟随一位官员从一个职位迁徙到下一个职位。

汪辉祖（1730—1807）是十八世纪最为人熟知的刑名专家兼幕僚，并有长篇自传存世。他出生于以盛产师爷著称的浙江绍兴地区，23岁时开始充当岳父的幕客。之后潜心研究清代的法典，最终成为著名的刑名幕僚。他的自传采用年表的形式，这种文体使作者可以展示在他人生不同阶段对他的价值观和人生选择起到重要作用的经历和人物。

汪辉祖的自传清楚地展现了幕僚生活的流动性。在受雇期间，他生活在州县衙门，不得不把家人留在原籍。为了能偶尔回乡探亲，他只接受离家不太远，位于江苏和浙江的职位。由于地方官员任期通常为两到三年，汪有时得以在任职的间隙返乡，与家人团圆几个月时间。他的自传

汪辉祖小像

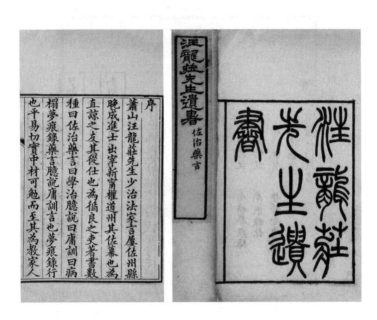

汪辉祖《佐治药言》书影

记录了他所有旅行搬迁的情况。

　　汪辉祖中进士时已46岁，但直到10年后才正式获得知县的任命。他后来以一部专门辅佐吏治的著作《佐治药言》而声名远播。汪辉祖还以对寡居的嫡母和妾母行孝著称，他是两位母亲所生的五个子女中唯一的儿子，按他的叙述，她们把希望完全寄托在他身上。明清两代，拒绝再婚的寡妇常被表彰为道德典范，汪辉祖因此多方努力，最终确保他的两位母亲被官府标榜为节妇。

　　本章只节选了汪辉祖自传中一小部分，集中展示他56岁结束幕僚生活之前的某些重要经历。此处略去了他自传中记录与两任妻子及妾室所生的十二个孩子的生死和婚姻状况。汪的自传中还详细记载了各种地方案例，此处仅收录一例。

原文

病榻梦痕录（节选）

汪辉祖

雍正八年庚戌

十二月卜四日寅时，余生于大义村中巷尚友堂之东室。汪氏自大伦公始由鄞迁萧山，传十六世为曾大父孚夏公讳必正。曾大母沈孺人生子三，先大父赠文林郎朝宗公讳之瀚季子也。先大母赠孺人即曾大母侄，生二子，长为先考原任河南卫辉府淇县典史赠文林郎晋赠奉直大夫南有公讳楷，辉祖溯迁萧祖为十九世孙。

时奉直公以谒选入都，先嫡母方太宜人宿疾未瘳，先生母徐太宜人免身四日即起治爨汲，因得脾泄病，至老不愈，为辉祖终身罔极之痛。

九年辛亥　二岁

奉直公留京都。先是，奉直公与山阴王坦人先生宗闳交最挚，庚戌六月王宜人生，即有婚姻之约，及余之生，遂订姻焉，无媒妁也。

十年壬子　三岁

奉直公选河南卫辉府淇县典史之官。

十一年癸丑　四岁

（缺）

十二年甲寅　五岁

就外傅。五月二十九日，先嫡母方太宜人卒。徐太宜人尝语辉祖：汝生时，吾方年少，昼劳苦。主母恐吾倦寐失汝乳哺，夕抱汝寝。汝啼付吾乳，乳讫复抱去。易襁褓燥湿必身亲以为常。气垂尽，尚执汝手，属汝两姊好好照看，怜汝如此。汝当时时记念。辉祖年四五十与两姊言，感母慈恤，犹相向泣下也。十一月，先大父为奉直公聘继室王太宜人。

十三年乙卯　六岁

王太宜人偕徐太宜人挈辉祖之淇县，延家静山师崇智至署课学。

乾隆元年丙辰　七岁

先大父至淇，署命余曰辉祖。辉祖之生也，先大父年已五十有九，甫抱孙，甚喜，咳名曰垃圾，取其贱且多而有资于农也。五岁就傅，更名曰鳌。至是，见余能解字义，可读书，为定今名。……

二年丁巳　八岁

读书官署有两陶器，俱堕地，薄者毁焉。奉直公举完者而示辉祖曰："能厚如此，则均完矣。"因言："做人须厚如缎，可耐几年过。即为纸，亦须为茧纸，尚可剥几层。若为竹纸，则一触便破矣。"

三年戊午　九岁

读书官署。

四年己未　十岁

正月，奉直公以先大父年老，家有弟，例不得终养，引疾去官。三月，发淇县，取道济宁。王太宜人方妊身，同徐太宜人坐独轮篷车，甚苦。以贫不能雇大车也。五月抵家，弟荣祖生。七月，殇。

先大父宝爱辉祖甚。每观剧，必令随侍，归则问所演剧姓名贤否。能对则喜。一日观演《绣襦记》，先大父曰："郑元和赖得中状元，可以做人？"辉祖对曰："虽中状元，毕竟不成人。"先大父尝举以告亲党曰："此儿竟识得做人！"辉祖至今识之不敢忘。

一日，有邻生岁试劣等，众斥其名，辉祖亦笑之。先大父怒扑辉祖曰："是秀才才有等，汝尚无等，安可轻薄笑人？"辉祖跪谢，则又曰："吾望汝他日做秀才，着蓝衫，拜吾墓下耳。"

十月，仲姊归孙氏。余潜出登舟观彩舆，失足坠水，没入舟底。逾时获救。先大父痛挞之。

十一月二十日，先大父卒。是岁仍从静山师学。

五年庚申　十一岁

元日，效蹴鞠戏。奉直公诃止之。授陈检讨四六一册。令每日读半篇，不得下楼。辉祖后佐幕以骈体文受知当事，本于是也。

是年，延邑生郑又亭师嘉礼主塾，令辉祖受业。

初，奉直公以贾起家，置田百余亩。援例入官。先叔父里居为博徒所蛊，斥卖几尽。奉直公既归，或谓讼必直，田可复也。奉直公不忍罪叔父。至是，资用日绌。经理先大父坟墓毕，之广东谋生。

八月十五日夕，纤道过会稽外家，辉祖从。初放舟，密雨如丝，辉祖枕奉直公左股，卧行二十余里，抚辉祖起。推篷四望，顾谓辉祖曰："儿知吾此行何为者？"辉祖未有以应也。奉直公曰："垂老依人，非吾愿也，幸老亲尚健，不及此时图生理，儿将无以为活。"辉祖泣，奉直公亦泣，浏漓不自胜。强为辉祖收泪，杂举经书，令辉祖背诵。因问曰："儿以读书何所求？"辉祖对曰："求做官。"奉直公曰："儿误矣！此亦读书中一事，非可求者。求做官未必能做人；求做人，即不做官，不失为好人。逢运气，当做官，必且做好官，必不受百姓诟骂，不贻毒子孙。儿识之。"

后又杂举《论语》学而、孝弟数章讲说，之夜分乃寝。至会稽，又手授《纲鉴正史》约一册，曰："日后长成当熟此。"遣辉祖归家。遂行，盖自此不复奉庭训矣。

六年辛酉　十二岁

从郑又亭师学。

奉直公于前一年十二月卜五日卒于南海旅邸。四月，丧归。两太宜人励节。食贫纺绩余功兼糊楮锃自给。昼夜不少休息。常泣而训辉祖曰："儿不学，必无以为人。汝父无后，吾二人生不如死。"督辉祖愈严。

七年壬戌　十三岁

从郑又亭师学。

时门绪中衰，近族多不自立。诸博徒复诱之，皆疑两母从宦有私蓄，日夜怂恿叔父向两母索钱。不得钱，则挞辉祖。两母百方贷钱应之，甚至从徐太宜人手篡辉祖去。多有劝徙居以避者。两母以宗祊在，坚不听。往往炊烟不继，至衣单御冬。奉先大母及育辉祖，则衣食无少缺也。

八年癸亥　十四岁

从郑又亭师学。同学四人，遇辉祖独严。每作一艺，必令三四易稿。自昼达昏，不使顷刻暇。辉祖甚苦，私属姊婿孙惠畴世埰问之。师曰："此子必可成就，惜不肯潜心，吾鞭辟近里，或可望其向学。纵之，则终身误矣。"辉祖一生感师言入肺腑也。以两太宜人力不能具脩脯，岁终，师他就馆。

九年甲子　十五岁

族叔奂若先生家延上虞徐冠周师冕主塾，辉祖附学焉。朝暮往来，徐太宜人亲翼护之。师年将七十，子幼。

视辉祖则念己子，故教辉祖极挚。为制字曰焕曾。尝勖辉祖曰："若不勉学，不能成立，若母无出头日矣。"盖知辉祖之有家难也。辉祖家与塾隔河，每出，塾师必目送，辉祖过桥乃入。至今念之，犹常泫然。

郑师阅文最严，师以鼓励为事，奖许甚至。故是年行文调畅。盖非郑师无以立学之基，非徐师无以长学之趣。二师之教，如此所谓相得益彰者乎。

是岁，外舅王坦人先生官淮安山阳县典史。或传余从权父博籑无行，有献诔者谓无媒聘，可悔，家人几惑其说矣。王宜人闻之，日夜泣，母氏以告外舅，怜之。……

十年乙丑　十六岁

徐师以疾去，辉祖力不能更从他师，依两母起卧小楼。两母督之学，不敢跬步出门外也。

检先人遗箧，得《太上感应篇注》，觉读之凛凛，自此晨起必虔诵一过，终身不敢放纵。实得力于此。

十一年丙寅　十七岁

依两母学。县试童子，辉祖请往，两母谓辉祖学未成，且家贫，未之许也。固请。两母曰："若自揣可进学乎？"辉祖自诩其技，辄应曰："可。"两母曰："既可进学，岂有不令汝去者？"

六月，至县，见试人多着纱单衫，心羡之。或赠钱许制衣，辄代作文。比案发，族中十八人皆招覆。辉祖独不与。两母不悦。既知辉祖受钱，则大怒曰："儿无志气，为利不惜名。"予扑而遣归钱。辉祖痛自悔，昼夜学。八月，府试，十八人者皆不招，辉祖终试。九月，督学江宁陈秋崖师其凝试第六名，入县学，从山阴茅再鹿师诒孙论文。

十二年丁卯　十八岁

王氏母舅延课，诸子凡七人，馆脩十二缗，以三缗馈山阴张百斯师嗣益从论文焉。应乡试第一场。……榜发不售。

十三年戊辰　十九岁

二月，外舅以辉祖不能专学，招至官中，从山阳孝廉许虚舟师廷秀游。至十一月归。……

是岁，叔父挈眷他徙。大母欲偕行，两母泣留而止。

十四年己巳　二十岁

仍馆王氏舅家，从张百斯师论文。

十一月，王宜人来归。

十五年庚午　二十一岁

……

五月，朔向晦，发头眩病，仆跌后园池步，腰以下皆没水。黄昏，馆僮觅获救起，尚未苏也。苏而病，遂归。

八月，应试不售。

十六年辛未　二十二岁

……

十七年壬申　二十三岁

……

外舅署松江金山令，三月十五日赴金山，自此入幕矣。然余颇不欲以幕为业，掌书记外读书如故，月脩三金而已。

十八年癸酉　二十四岁

馆金山。……

五月，外舅署常州武进令，偕之武进。

七月，归应乡试，大母已病闻。后辉祖疾作，外舅以馆事招，不得不行，又不忍别大母行。大母闻之，呼辉祖曰："儿行几时还？"对曰："得中，约九月二十二三日可还。不中，当至腊底。"大母曰："儿必中。然尚早，我不及待，儿亦不及待，我儿行，毋念我。"王太宜人泣曰："儿今且病，奈何？"大母曰："毋虑，儿有后福，多寿、多儿孙。"……余遂行。

十月初二日，大母卒。时辉祖未归，衿身衬椁皆两母主之。后辉祖十五年举于乡，又七年成进士。今年六十余。回思大母言，若前知者。

十九年甲戌　二十五岁

四月，外舅丁内艰，在武进候代。荐余扬州盐商程氏，主管文翰，岁可得脩一百六十金。余欣然应之。既闻商人倨甚，每坐榻床，倚炕桌南面，客皆侍坐白事。余度不能耐，告外舅辞之。不二月，常州知府海阳胡偶韩先生文伯招掌书记，以外舅故属吏，无关聘，岁脩二十四金，余就之。闻者俱以为怪。余曰："脩虽少，太守当宾礼我也。"外舅颇以余为傲然，甚韪余言。

二十年乙亥　二十六岁

二月，馆常州公事暇，从同事诸暨骆炳文先生彪究心刑名之学。九月，胡公升江苏督粮道，予辞焉。公曰："吾遂不能久屈子乎？"留益坚，许每月增脩八金，盖一岁不啻，倍蓰矣。遂同之常熟。胡公，端人也，礼余在诸宾之上。每遇大事，必招与议，所持论多见采纳。……

是年，归第四妹于山阴沈有高仁埈。绍兴秋收大歉。次年春夏之交，米价斗三百钱，丐殍载道。

二十一年丙子　二十七岁

胡公督运临清，余以病不能远行，就无锡县魏公廷夔馆。副秦君治刑名。秦君专法家熟律令。……

五月，魏公丁内艰，余归。应乡试。是科举人广额十名。

九月下第，胡公复以柬招之常熟，仍司书记。……

十月，余同赴清江浦。余自出游，岁终必归省，是岁即于途次度岁，王事靡盬，不遑将母，佐幕者义分亦然。

二十二年丁丑　二十八岁

留胡公幕。

四月，差竣，偕至江宁，办报销。寓秦淮河房，得以略游金陵名胜。

十二月初，同至常州查漕。苏州白粮帮干总姚起溥忤胡公意，立欲劾参。余以口过不可议相左。初五日，辞归。

二十三年戊寅　二十九岁

正月初八日，胡公遣戚持札到家，代为谢罪。再三坚请，复同至常熟。……

胡公欲留余度岁，至十二月二十六日犹未许归，余题诗于壁……晓胡公。见之，曰："吾过矣。"即具快船飞送，于除夕到家。

是年，闻静山师卒于京师，属族兄凤琳缓归其丧。归第三妹于同邑陈景声之柔。初自号龙庄，以家居镇龙庄也。

二十四年己卯　三十岁

正月，以媵婢杨氏为妾。赴胡公幕。

……

八月初八日，入闱后，大雨水溢及坐版。闱中狼狈，几不完卷。甚负吾师教诲。十二日二场即病，不能饮食。勉完三场，匆匆还里，遂病甚，不能兴。转侧需人，日惟啖生栗数枚，垂绝者屡矣。明器已具，医师莫名其病，自信不起。

九月初八日夜，王太宜人梦中堂有南面坐者数人，东西侍者甚众。吾祖吾父皆右隅侍。南面者语嘈嘈不可辨。惟东面立者，颀而癯暖帽微须，向上揖曰："该留垃圾。"有数人哭而出，吾祖吾父向上拜跪，若有喜色。

晨起，吾母为余言之。曰："此有先人呵护，当无害也。"是日亭午，徐颐亭来省，为余诊脉。告吾母曰："舅无他病，因闱中水气直达上焦，所以饮食不通，体湿，故不能运动。"用人参桂附重剂治之。一饮即睡醒，下水数升，即能转身。又一剂，即能起坐，不数日而瘳。

十月初一日，赴馆。

先是，曾大父以下同堂伯叔三人、昆弟九人，多强壮。而余最孱弱善病。两母常忧无年。自十月至次年二月，伯叔昆弟先后殂谢，惟存叔父一家客游。而余则自此康强不复再病，殆两母节孝之苦，足以荫芘后人。所谓"该留垃圾"者，实邀先灵之呵护矣。

素有积负，重以危疾，称贷势不能支。胡公久交，又不可以计偾。岁终，遂坚辞胡公，受长洲郑君毓贤聘。

二十五年庚辰 三十一岁

馆长洲县。……辞长洲归里。……

二十六年辛巳 三十二岁

孙师补浙江秀水县，余遂入幕。……

二十七年壬午 三十三岁

馆秀水。

三月十七日，先生母徐太宜人卒。先是，余每省试，吾母谓家世素无科目，且既以游幕为养，学而荒幕则造孽，佐幕复学则精力不继。己卯大病后，复再三谆属，戒勿应试。至是，十四日，急足至馆归家，吾母已病剧。十七日早，忽曰："万一不能至九月，则误汝试事。"乃知吾母望捷甚殷，向者特慈之至耳。始立志作举业文字，不敢懈。……

二十八年癸未 三十四岁

馆平湖。

先是，孝丰县民蒋氏行舟被劫，通详缉捕。封篆后，余旋里度岁。有回籍逃军曰盛大者，以纠匪抢夺，被获讯为劫案正盗。刘君迓余至馆，检阅草供。凡起意纠伙上盗伤主劫赃俵分各条，无不毕具，居然盗也。且已起有蓝布绵被，经事主认确矣。

当晚，属刘君覆勘，余从堂后听之。一一输供，无惧色。顾供出犯口，熟滑如背诵书。且首伙八人，无一语参差者，窃疑之。次晚，复属刘君，故为增减案情，隔别研鞫，则或认或不认，八人者各各歧异至。有号呼愬枉者，遂止不讯，而令县书依事主所认布被颜色新旧借购二十余条，余私为记别，杂以事主原认之被刘君当堂再给覆认，竟懵无辨识。于是各犯佥不招承。细诘其故，盖盛大到官之初，自意逃军犯抢更无生理，故讯及劫案，信口诬服，而其徒皆附和之，实则被为己物，裁制者有人。即其本案罪，亦不至于死也，遂脱之。……余自此益不敢以草供为信。犯应徒罪以上无不亲听鞫问。……

是年为两母具呈请旌双节。十二月，奉巡抚汇题。

二十九年甲申　三十五岁

馆平湖。

是年十二月，奉礼部具题两母旌表双节。奉旨依议。

三十年乙酉　三十六岁

正月，奉礼部咨旌两母双节，建坊如例，录事实，乞言艺林。

二月，馆平湖。嘉兴知府金匮邹公应元雅重余。尝语刘君君幕，汪某所办案，必为犯人留余地，议论纯正，当有后禄。时幕中人无不排挤余者，余复不能和通，势孤立。幸刘君信任独深，得邹公言，人情稍定。……

三十一年丙戌　三十七岁

馆平湖。……

十二月，刘君升九江府同知，邹公先调繁杭州府，至是调福建台湾府，以岁脩一千六百两聘余。

同往请命吾母，吾母不以为然，遂不果行。……受仁和李君学李之聘。

……

三十二年丁亥　三十八岁

正月，仍赴平湖。二月，刘君卸事，余至仁和。十月，李君以户书匿名讦告，去官。受乌程蒋君志铎聘，遂之乌程到馆。……

三十三年戊子　三十九岁

馆乌程。

四月，为两母建双节坊于大义里聚奎桥北岸。初，买坊基时，王太宜人曰："饔飧无寸地，且省此数百金为朝夕计。"辉祖谨对曰："此大人千古事也，所费不过十亩田赀，儿不肖，不足以给一生。幸叨两大人庇，即无田亦可以活。"坊既成，辉祖奉太宜人谢社庙神，太宜人稽颡百数方起，额为红肿归。辉祖问故，太宜人曰："我与若母薄命孀居，分也。儿积诚请旌，又竭力建坊，吾愿足矣。今日拜神，将汝素行及所以事吾二人者告求神鉴，使汝一第，则吾死瞑目。"辉祖泣，太宜人亦泣，累数时始罢。余赴馆，太宜人曰："儿勉之，好好读书下场也。"……

七月，至省乡试。

试竣。闻胡公由广东藩司调任江苏，与孙师偕，遂之胡公署谒孙师，孙师见余闱艺，许为必魁。九月初八日，回乌程，见题名录，知中式第三名举人。

至杭州，谒本房象山县知县湘阴曾洞庄师光先言。八月十六日漏下二十刻，余卷已阅，讫置几，右睫甫交忽有瓦坠于几，斜压余卷，厚不盈一指而苔痕斑剥。急取卷复校，藏于箧。方就寝，又闻几上有声，则余卷出箧陈几而瓦失所在。次早呈荐两座主，为击节已定。元十日，陆耳山师欲传衣钵，改置第三，问余有何阴骘得致此祥。余曰：当是先人荫耳。

嗣暗榜首德清许春岩祖京，遂同谒两主考。……

知第二场诗、第三场总集吏治二策进呈御览，俱述飞瓦事，交相诧异。内帘深夜，户牖皆闭，瓦之来去真不可解。传其事者，咸谓二母苦节之报云。是科吾越中式二十三人，约日会宴，余揖诸同年曰："不须另会，十二月二十日为吾母生辰，拟称一觞，乞枉驾为吾母光宠。"届期集者十有七人。宾散，太宜人曰："三十年来，惟今日略一舒眉。吾庶几可以对汝父矣。自阻汝台湾之行，每虑厚脩不可多得，使汝去，今年安得中？知诸事有前定也。"

余自丁卯省试，至此九度，适在太宜人祷神之后，天高听卑，不信然乎。……

三十四年己丑　四十岁

正月，赴礼部会试。……

三十五年庚寅　四十一岁

……

四月十四日，家人至，知王宜人病亟。十五日到家，已帷堂两日矣。宜人于初八日得病，病作之前为余制汗衫，余因作《题衫诗》四首。……绘图记事。钱塘潘中书德园庭筠作《王宜人传》并写《寄衫图》见赠，同人题二图词甚黟。丧毕，仍馆钱塘。……

　　七月二十三日，大风雨，夕，海水溢入。西兴塘至宋家溇八十余里芦康，河北海塘大决，其余决处甚多。塘外业沙地者男妇淹毙一万余口，尸多逆流入内河。……余家水二尺余，越日而消。

　　十月，继室曹宜人来归。宜人，同邑贡生曹辐奇先生女也。岁暮，以会试辞馆。……

三十六年辛卯　四十二岁

　　正月，赴礼部会试。……

　　九月，葬先考、先妣、先生妣于山阴县秀山之麓，遂买航坞山麓，葬两伯祖、伯祖母、从伯母遗榇而岁祀焉。……

　　曩，徐太宜人言外家居鄞城门临石桥，屡属友人访求不得。至是，亲履厢坊凡四日，有桥之处无不周历，间遇徐姓人，举舅氏名问之，绝无知者。泫然而返。岁暮，以会试辞。……

三十七年壬辰　四十三岁

　　正月，赴礼部会试，与江皋同行、同寓。四月揭晓，江皋中式。余下第，俟吏部拣选。

　　……

三十八年癸巳　四十四岁

馆海宁。……

三十九年甲午　四十五岁

馆海宁。……

七月，先叔父卒。葬航坞山。

四十年乙未　四十六岁

正月，赴礼部会试。三月初三日抵京。……四月初九日揭晓，中式第四十六名。……二十一日殿试。二十五日胪唱，第二甲二十八名，赐进士出身。二十六日午门赐表里，辉祖领得宝蓝花缎一匹、月白潞绸一匹。二十七日礼部赐恩荣宴。五月初二日国子监释褐。初八日朝考。十四日引见，奉旨归班选用。

十六日，得家书。王太宜人于三月二十六日弃养。遂呈报丁忧，书骤券。次日南还。乡会座师及同年俱以吾母节孝素著京邸，理当成服受吊，因留数日。于乡祠治丧，撰考妣行述，乞周海山先生煌作墓表、邵二云先生作墓志铭。……

六月初七日，出都，取道泰安。

二十五日至王家营，渡河雇舟，星夜飞行，七月初二日到家。……十一月归，为吾母举殡，合葬于秀山之阡。仍赴海宁，至岁终，平湖刘仙圃申前约，遂辞战君。……

四十一年丙申　四十七岁

馆平湖。挈儿子继坊课学。……

四十二年丁酉　四十八岁

馆平湖。……

四十三年戊戌　四十九岁

馆平湖。……

四十四年己亥　五十岁

馆平湖。……自丙申推两母遗志，征绍兴节孝事实，至是，得山阴、会稽、萧山、诸暨、余姚、嵊县凡三百五人，呈藩司国公柱转饬各县备案匾表。

四十五年庚子　五十一岁

馆乌程。四月，前乌程徐君朝亮回任，聘余接理。六月，徐君丁忧去官，余归里。……九月，龙游王晴川士昕到浙，为惺园师。族子兴君出王元亭先生猷门下，晴川叔父也。会惺园师复督浙学，属兴君让余佐晴川。十月，至龙游。……

四十六年辛丑　五十二岁

馆龙游。……正月，晴川赴杭州。……

四十七年壬寅　五十三岁

至杭州。……

是年因龙游案，久寓省城。适惺园师试竣在省，时时谒见。或数日不谒，即使召。终日侍坐，畅论古今，备闻立身行己之大端。书绅自凛，师亦以辉祖可与言也。教诲不倦，于守身之义大有裨益。

四十八年癸卯　五十四岁

馆归安。归安旧习顽嚚相仍，喜上控而不求审理，故善良之累，余知之甚。悉与晴川约，凡上官批准之事，牍留内署。先密提原告与应审人等，刻日质讯，多属子虚即治以诬告之罪。

又俗喜以赌、以奸、以侵占水利、以朋充牙行凭空讦告，而吏胥借以生财。余皆属晴川禁止，大为吏胥所忌。……

四十九年甲辰　五十五岁

馆归安。……

五十年乙巳　五十六岁

馆归安。……

四月，奉部行湖南巡抚陆公燿奏请，现任官亲老独子循例终养。晴川母七十有一，无兄弟，遂详请终养。八月解任。余归里。

自壬申佐幕至是三十四年，游江苏九年，浙江二十五年，择主而就凡十六人，俱有贤声。余性迂拙，不解通方，公事龃龉即引、不合则去之义，幸主人敬爱，无不始终共事。……

我也幕途甚杂，不自爱者，无论亢者自尊，卑者徇物，故同馆虽多，投分绝少。甲申、乙酉数年，颇受排挤，无非玉我于成。……

余初幕时，岁脩之数，治刑名不过二百六十金钱，谷不过二百二十金，已为极丰。松江董君非三百金不就，号称董三百。壬午以后渐次加增，至甲辰、乙巳，有至八百金者。其实幕学幕品均非昔比矣。

吏之为道，必周知所治人情风俗，方能措之各当。吏或不解此义，举一切政事尽委诸幕友，幕友与主人无葭莩之戚，无肺腑之知。俨然为上宾，受厚脩，则所以效于主人者，宜以公事为己事，留心地方，关切百姓，使邑人皆曰主人贤，庶几无愧宾师之任。不此之务，而斤斤焉，就事办事，仅顾主人考成、钱谷刑名、分门别户，已为中等。甚至昧心自墨，己为利薮，主人专任其咎，彼何人哉！彼何人哉！

二十年来，余所见以不义之财烜赫一时，不数年而或老病、或夭死、或嗣子殒绝、或家室仳离者，回首孽缘，电光泡影，天网不漏，可为寒心。

时乙未进士奉部截取已二年，因请咨谒选。……

至杭州，刘仙圃方升南宁府知府，留余信宿。谓余曰："吾初与君交，阖署上下无一爱君者，皆畏君矜严不可犯。吾独重君，能得君益。君遇知交，终日谈无倦容。非惬意人，对坐无一语。此可幕不可官也。官与幕异径，直不可行，须相机婉转，庶几上下协和，相爱相规。"真药石之言。撰《佐治药言》二卷，鲍以文刻入《知不足斋丛书》第十二集。[1]

延伸阅读

张伟仁（Wejen Chang）:《清代的法律教育》（Legal Education in Ch'ing China），收于艾尔曼（Benjamin A. Elman）、伍思德（Alexander Woodside）编:《帝制晚期的教育与社会，1600—1900》（*Education and Society in Late Imperial China，1600-1900*），加利福尼亚大学出版社，1994年，第292—339页。

陈利（Li Chen）:《帝制中国晚期的法律专家和司法管理，

---

[1]　选自（清）汪辉祖《病榻梦痕录》，道光二十年（1850）刊本。

1651—1911》（Legal Specialists and Judicial Administration in Late Imperial China，1651-1911），《清史问题》（*Late Imperial China*），第33卷，第1期（2012年），第1—54页。

瞿同祖（Ch'ü T'ung-tsu）:《清代地方政府》（*Local Government in China Under the Ch'ing*），哈佛大学出版社，1962年。此书中译版，范忠信、晏锋译，何鹏校，2003年。

苏成捷（Matthew Harvey Sommer）:《贞节的功用：清代的性，法律和寡妇财产》（The Uses of Chastity: Sex, Law, and the Property of Widows in Qing China），《清史问题》，第17卷，第2期（1996年），第77—130页。

第二十七章

赞美亲人

——妻子致敬丈夫，弟弟感激长姊

清代才女徐叶昭讲述她的婚姻，以及丈夫对她的才华的认可和欣赏。生活于十九世纪的王拯回忆年幼时与姐姐一起生活，以及在姐姐照拂下学习的岁月。

导读

父子、夫妻、兄弟之间的等级关系在儒家家庭伦理中占据中心地位。男性可以把他们对父母的敬爱和对儿子的训诫广泛传播，但他们的诗文中对其他家庭关系的描述则少得多。例如，汪辉祖在他的自传（第二十六章）中对他与两位母亲的关系着墨很多，但对他的妻子及姐妹很少提及。有鉴于此，集中记述其他家庭关系的著作更值得仔细阅读。

在《赠夫子许君序》中，清代女诗人徐叶昭（1729—？）详细叙述了她与丈夫的关系。在徐叶昭生活的年代，女性在文人圈中并不罕见，多达数千名明清女性留下了她们的诗文。这些女性作家通常得到家庭成员的支持，建立相对固定的师生关系，并在彼此之间维持长期和异地的友谊。徐叶昭的文集主要包括诗歌和家庭成员的传记两部分。这些作品展示了她家庭生活的方方面面，特别是她与父亲、丈夫、姑姑、嫂子甚至多位女性侍从关系的细节。这里选的是她为献给丈夫的诗所作的序言。在序言中，徐重点讲述她婚姻中不随常俗的方面，以及丈夫对她才华的认可。特别值得注意的一个细节是，她丈夫直接向她的父亲提出他可以入赘徐家。

兄弟姐妹之间的关系在历代作家的作品中也较少提及。部分原因可能是姐姐妹妹们通常在十几岁时即结婚离家，与兄弟们接触较少。这种情况使王拯（1815—1873）请人为姐姐创作肖像画并作文为志一事显得更加不同寻常。王拯来自广西，在以散文写作和倡导理学而闻名的桐城学派中是个有影响的人物。因幼年即丧父母，他由姐姐抚养长大，在获得进士学位后，仕宦多年。这篇简短的回忆文章充满深情地表达了他对姐姐的依恋、感激之情，可以说，姐姐就像是他的母亲。从王的叙述中，我们还得以构建王拯姐姐的形象：姐姐虽然是一位未留下姓名、没有子女的寡妇，但她坚强、有韧性，将自己的精力倾注在弟弟身上，并赢得了弟弟真诚的感激。

原文

赠夫子许君序

徐叶昭

　　夫良妇顺，夫倡妇随，此纲常之正义也。故娶妻之家，诸事不问，而唯德是择，古之道也。今之所择则不然，曰富、贵也，才、貌也，德也。五者之中，口或言德而心不知也；才粗理细，事足矣，若学问则谓无益，而毋取也；貌固深悦之矣；贵而源远流清，不如当道之荣幸也；富则安获其利而大可尚矣也。当时之见，大率如此。其间间有风雅者，亦能稍怜文墨，然未有怜才而不及乎貌者也。独吾夫子许君则不然。其好尚之偏，大反乎今，众皆以为愚，己方为得计。噫，不亦异哉！

　　许君，海宁县庠生，名尧咨，字师锡，号鹤汀。其为文也，开广而醇厚；其为人也，忠直以朴实，而又怜才尚德者也。当其为吾家婿也，虽有父命，全非媒言。缘其既丧偶，将议续娶，遍访于人，辄不如意。适过我先大人诸暨学署，或谓曰："署中有女，贤而能为文章。"遂归请父命，亲来谒我父兄，面恳结姻。

　　先大人曰："媒言多妄，今吾自言，止可道其实尔。吾女所云才德，亦浅浅者尔。要其余，声势则卑官衰老，君所知也；奁资一贫如洗，荆钗布衣不能备也；且容貌平平，殆无取焉。"许君大悦，曰："吾愿毕矣，他非所知也。"乃相与倩媒而成礼焉。明年春，遂为赘婿。

　　噫，古之所尚者，此也；今之所好者，彼也。而吾夫子者，较之古人固不及，较之今人不已贤乎？独憾余也，无才乏德，深负乎君子之知，徒自进退愧耻，而莫之所措。嗟乎，尚何德行之或修，文章之能为也哉！反复思维，卒无以自解，乃勉约事之始末以为序。虽无补辱知之深，然余自知之明，自不能默默焉耳。[1]

---

[1]（清）徐叶昭《职思斋学文稿》，卷一，乾隆间刻《什一偶存》本，47a—48a。

婴砧课诵图序

王　拯

《婴砧课诵图》者，锡振官京师所作也。锡振之官京师，姊在家奉其老姑，不能来。今姑殁矣，姊复寄食二姊，阻于远行。锡振自官京师之日，蓄志南归，以迄于今，颠顿荒忽，琐屑自牵，以不得遂其志。

念自七岁时，先妣殁，遂来依姊氏。姊适新寡，又丧其遗腹子，茕茕独处。屋后小园数丈余，嘉树荫之。树阴有屋二椽，姊携锡振居焉。锡振十岁后，就塾师学，朝出而暮归。比夜，则姊恒执女红，篝一灯，使锡振读其旁。夏夜苦热，辍夜课。天黎明，辄呼锡振起，持小几，就园树下读。树根安二巨石：一姊氏捣衣以为砧，一使锡振坐而读。日出，乃遣入塾。故锡振幼时，每朝入塾，所受书乃熟于他童。或夜读倦，间稍逐于嬉游，姊必涕泣，告以母氏劬劳瘁死之状，且曰："汝今弗勉学，贻母氏地下戚矣！"锡振哀惧泣告，姊后无复为此言。

呜呼！锡振不肖，年三十矣。念十五六时，犹能执一卷就姊氏读，日惴惴然于悲哀穷戚之中，不敢稍自放弃。

自二十后出门，不复读，业日益荒怠。念姊氏之教不可忘，故为图以自省，冀使其身依然日读姊氏之侧，庶免其堕弃之日深，而终于无所成耶。

　　为之图者，同年友陈君名铄，知余良悉，故图嘱焉。[1]

延伸阅读

黄卫总（Martin W. Huang）：《私密的记忆：中华帝国晚期的性别与悼亡》（*Intimate Memory: Gender and Mourning in Late Imperial China*），纽约州立大学出版社，2018年。

伊维德（Wilt L. Idema）：《薄少君百首哭夫诗中的自传与传记性质》（The Biographical and the Autobiographical in Bo Shaojun's *One Hundred Poems Lamenting My Husband*），收于秀家珍、胡缨编：《重读中国女性生命故事》（*Beyond Exemplar Tales: Women's Biography in Chinese History*），加利福尼亚大学出版社，2011年，第230—245页。

卢苇菁：《清代文集中有关女性家人的私人写作》（Personal Writings on Female Relatives in the Qing Collected Works），收于刘咏聪（Clara Wing-ching Ho）编：《亦显亦隐的宝库：中国女性史史料学论文集》（*Overt and Covert Treasures: Essays on the Sources for Chinese Women's History*），香港中文大学出版社，2010年，第403—426页。

---

[1]（清）王拯《龙壁山房文集》卷五，光绪七年（1881）刊本，18a—19a。

魏爱莲（Ellen Widmer）:《清代中期江南女性传记作家》（Women as Biographers in Mid-Qing Jiangnan），收于秀家珍、胡缨编:《重读中国女性生命故事》，加利福尼亚大学出版社，2011年，第246—261页。

第二十八章

被捻军俘虏的少年

——柳堂记录长达十五周的苦难经历

一名于1858年被捻军俘虏的少年在被赎返家后记录了他的经历，以及对监禁他的各色人等的观察。

导读

十九世纪中期，诸多暴力事件严重干扰了许多地区普通人的生活。从清政府的角度来看，最具威胁性的是旨在推翻满族统治的叛乱。这些叛乱中最成功的太平天国曾顺利地控制了清王朝的重要地区，并建都南京，统治达十年之久。相较之下，普通人并不关心是谁盗用了他们财产或强迫他们离乡背井，对他们来说，乱军与其他的不法分子都是祸患。

本章节选的是柳堂（1844—1929）的回忆录。柳是河南人，在十七岁时被捻军俘虏。不过，作者在文中并没有使用"捻军"一词。他最初称之为"皖匪"，后来直呼他们为"贼"或"匪"，将他们的军事组织称为与满洲八旗同样的"旗"。这些叛乱之人已肆虐淮河、黄河流域几十年，1852年，因清军主力集中与太平天国作战，捻军对该地区的控制能力进一步增强。1868年，清政府动用为打败太平天国而组建的新军切断了捻军的粮食和人力供应，才将之消灭。

柳堂生于一个富足之家，这使他有可能接受教育、参加科举考试。在被捻军俘获之前，他应该过着平静富足的生活。柳的回忆录作于他被赎返家后不久，这很可能是因为人们对他的被俘经历感到好奇，对他提出了许多问题。作为回应，柳堂在文中提到很多人名并试图解释捻军的组织。柳堂的回忆录直到几十年后才在他的文集中正式出版。彼时，他已结束一边教书一边参加科举考试的生活，终于获得了进士学位，并成为一名朝廷官员。但他似乎并没有对他原来的叙述进行人的改动，而只是添加了一些注释。

　　在下面的节选中，柳堂集中叙述了被劫持的遭遇，期间遇到的各色人等，以及他自己的感受和想法。从现代人的角度来看，他对他的劫持者的同情似乎与所谓的"斯德哥尔摩综合征"有某种相似之处。这种心理反应指的是，因为人质需要依赖劫持者才能生存，因此与后者建立某种情感联系。柳堂本人则从儒家的角度看待自己对劫持者的反应。他同意孟子的观点，即人在衣食不足的情况下，无法保证知礼和平。

原文

蒙 难 追 笔

柳 堂

　　咸丰八年十月二十五日，皖匪匝地而来。太平之世，人不知兵，皆谓贼杀、官劫库，不敢逃入城。时先君以商赴白渡口，会先慈率家人赴城冈母舅家避乱。先君闻匪，弃商归，令家眷避苇湾内，挟余兄弟西逃。出庄遇贼，与以银去。行至西关帝庙，又遇贼，将外衣脱去。行不远又遇贼，无银无衣，只有随之矣。夜住吕潭南关营朱家宅，见集内火起，父子三人相对而泣，真度夜如年矣。

旗主姚逢春，蒙城县贾家围子人，距亳州一百二十里。听其语言，先世亦农家，始扰于贼，继扰于兵，家贫亲老，逼而至此。每见烧房屋、淫妇女，即痛诃止之，亦贼中矫矫者。与先君商，令择余兄弟一人随之去。先君泣不语。揆先君意，余读书小有聪明，素为钟爱，必不忍令去；而先兄已亲迎，倘去而不返，置张氏嫂于何地？此所以终夜涕泣而不能定也。余忍泪言曰："儿愿去！"先君闻之，泣顾先兄，先兄亦泣。时贼众已起营，余遂叩头登车，径随贼南行去。此二十六日早晨也。

少顷旗主给余曰："余送尔父兄至南土桥，尔家房屋人口无恙也。实则令避屋内，门前放火一把，贼见火，知有贼居过，无物可取，便不入矣。"晚住周口南，时天已寒，余无外衣，其夥贼自外来，挟皂布裌褂、蓝布棉大袄、月白绸棉袴各一，旗主促余服之。袄长拖地，袴似女衣，殊不雅。置绸于内，反而服之，当寒而已，急何能择哉。（自入贼至出贼八十日，昼夜皆赖此，无所谓衾裯也。一日寒甚，贼母怜之，与以红毡焉。贼有马二，曹县儿刈草喂之，余即席草而眠，草厚则厚，草薄则薄。眠时解扣侧身铺衣小襟于下，盖大襟于上，一袖作枕，一袖亦盖之，谓之神仙睡。贼中语曰："学会神仙睡，一辈子不受罪！"故不觉其冷。）庄小人多，一井汲已干，又无烹茶具，取磁瓮去其上半，置坑水于内煮之，半夜始煎，着以白糖（自周口抢来者），少取饮之，又臭又甜，真不能下咽。五谷家家俱有，而面甚少。取干麦置磨上，研作大麸片，用水团饼烈火烧之，出火即散，亦不熟，众贼争食，（其为饥寒所迫可知，想在家即此亦无之。）余惟有对之涕泣而已。（旗主知余未食，以豆腐干三块啖，前自干镇带来者。）一猪方行，众贼捉之。分取其前后腿，剥皮置半截瓮中，以坑中臭水煮之，断血即食，而猪方叫不绝声也。

夜静人寂，余出蹲大柳树旁，为潜逃计。适有自他营逃者，贼追至，以刀斫其首仆地，以火焚之。余徐徐归，从此不敢复设是想云。

二十七日，住槐店左近，半日未前行，以有连庄会拒之也。二十八日至泥河西岸九里十三寨，贼首传令每旗出马二、步三围寨，令车先过河。然无桥，岸又陡，车不能任重。余下车，先推空车至河中。旗主知余不善骑，又不能涉水，旁有一路，约为围寨人修也，指引令余由此行。

余失足落水，及过河，冰与足结，无鞋袜易，忍冻而已，余脚疾坐此。至东岸，回顾围寨人见西岸无车，均解围去，贼首不能禁。时车在河中央者尚多。十三寨中人蜂拥出，贼弃车不可胜计，而余所乘之车则甫上岸，御车贼赤体加鞭，得脱虎口云。

先君家规素严，除年节不曾出，以故读书外一无所知，甚至东西南北亦不辨。过河后，细听贼语，知西岸十三寨皆贼仇敌，惯截其后哨者；早知此，则不过河矣。贼呼十三寨曰"老牛会"，谓见人即杀，故被俘者亦争渡。嗣知老牛会者，练长牛庚之会也。牛庚已死，仍呼老牛会者，原始也；素为贼所畏惮。贼中巡更击柝而呼："小心着，莫渴睡，防备湖南老牛会！"（因隔一湖，故云。）

二十九日到贼巢，一小村落，围以土墙，南开一门，吊桥以木板为之，仅通行人；贾姓居其大半，故呼曰贾家围子。旗主住草房二间，有妻，有老母年八十余，其父为贼所害。闻出门回，亲戚均来探望。见俘来人，争问家世。余触目伤心，痛哭不语而已。

时余不饱食已数日。贼到家，人无伤损，老幼欢喜，以佳饮食进。余视之，则白面条也。记平日放学，见此饭即掉头去，先慈问所愿亦不答，径赴书房，盖以为必不可食也，其不逊如此！兹因别无可食，勉尝之，美口非常，于颠沛流离之际，食尽三器。始知前日之不食，不饥故也。从此顿悟前非，出贼巢后，则无不食之物、不美之饭矣。

自是如入黑暗狱中，不见天日，千愁万虑，举目无亲，不知一日痛哭几场也。

旗主先虏曹县儿，农家子也，刈草、饲马、拾薪，颇辛勤；余坐食终日无笑颜，旗主妻衔之，赖旗主母慈悲，力为调护，得以稍安。同房又有通许县八里冈范姓儿，年小于余，四书注极熟，恃为患难交。嗣见呼旗主贾姓干老子不绝口，又要钱买食物，鄙弃之。伊先余出贼，后余成名，赴省乡试，探听果堕入下流。旗主知余读书，于十数村中寻一册，乃字汇也，其为贼扰乱之甚已可概见。

贼首曰堂主，有大小之分。大堂主树一大旗，各自为色，其所领之小旗，多则百余，少亦数十，色与之同。领小旗之头目人曰小堂主。一旗马三五人，步十数人不等。所抢之物，除供给大小堂主外，马双步单，按分均分。此次大堂主余所知者，为孙魁新、张乐行、刘狗子；虏余者乃小堂主，其大堂主则伊族叔姚德光，时与巩瞎子盘踞怀远县，令其堂侄姚花代之，其他不知名者尚多。盖五色旗则五堂主，又分为五边以错杂之，则五五二十五堂主矣。

故贼之所至，旌旗遍野，尘霾障天，人不可以千万计；然并无利刃，大半饥民聚而谋食耳。

大堂主之子姚修亦在怀远，归家，余曾一见之，真贼形也。其家一妻、一女、一幼子。四外堂主出门回，供给甚丰。其妻五十上下，非村妇者流，虽为贼，家规甚严。其妾某，骨堆集人，前次虏来者。见余欲语，伊密闲之。其女好姐，初见问余家世，余以父母俱存对，伊极为悼叹。又问年，余告以十六，伊应声曰："俺十七矣。"言罢含羞，目炯炯似有所思者。盖伊许字王姓，王未从贼，两亲成仇，不能婚嫁也。伊母防闲不令与余见，潜使旗主问余有妻否，愿在此久留否，有意作合也。余以实告，遂不复提云。有姚虎者，他围子人，其辈次较卑，呼女曰姑，又戏呼以老王，争为一针线物，致女仆。旗主见之立为逐出，不令进门。此皆差强人意者。

旗主妻一日逼余随曹县儿拾薪，余难之。堂主妻曰，柴草遍地，树木无论何村，执斧伐之，有问者，但曰"姚德光教伐"，便无事。因去伐柳树一株，果如所言。旗主妻知堂主妻有爱余意，不令拾薪矣。日所食者非菽豆面，即高粱面，无所谓麦者；菜则不常有，有亦大椒而已。余食高粱面能饱食，菽豆面则半忍饥，不死为幸耳。然爱菽豆面糊涂（以面为汤俗称曰糊涂），童而食之也。

自过洮河至贾家围子，蒿莱遍野，狐兔成群，不见人迹，行数十里见一土阜，即村落也。人无八口之家，非死于贼，即死于兵，不得已合数十村为一村，修一围子为自固计。然地不能耕，粱粒皆取自外来，价昂贵，每菉豆一斗十二三斤，制钱一千。贤者坐以待毙，不肖者舍为贼无以为生。且所抢之物，值百卖一。时乡间正富，一小堂主所得仅变钱二十余千，即坐食亦难持久，况逢集便至饮酒驰马，争相夸耀，不二十日荡废尽矣。费尽再抢，然不曰"抢"，曰"出门"。出门先数日，各堂聚一处议事，曰"装旗"。装旗者，预计其旗之多寡也，有整齐之意焉。

贾家围子距临湖铺五里。湖无水，湖北尽贼，南则老牛会也。一日，老牛会持械驰车过湖行猎，贼不敢过问，闭门自守而已。然老牛会亦无敌意。问行猎何以过湖？曰："湖南地皆耕，无藏狡兔窟；湖北荒芜，狗马三五驰，满载归矣。"一荒村有屋三间，仅余四面壁，猎者以网堵门焚之，兔争出，网得百余只。古人云"物有生而无杀，便充塞宇区，无置人之所"，洵然。

十二月二十三日，将往偷老牛会寨，去一人得一分，旗主妻与其表兄崔欲令余去，余亦愿往，将借此以逃也。

（闻有武举高老养者，被虏者过其寨，先与钱，后与菉豆一升。）忽得脚疾，不青不红，疼不可耐，嗣以烧酒着火洗之乃愈。

　　当余被虏时，旗主告先君住址甚悉，如张村堡、新台市等集，皆先君旧游地，而贾家围子距张村堡仅二十余里。故同一被虏，确知所在，不难循途而得。然先君谨慎，不敢入贼巢；至亳州，主估衣店王老玉家，托其探听。适有卖估衣老人（所卖即抢余祥盛之物），即旗主之本家叔，其子留发为贼，而伊则薙发以消赃者，先君托其带信。余见信认是先君笔，不觉哭失声。而伊则云，先君在亳州，得尔回信，过年即来。因持笔砚至，写时令老人在旁，只许写"在此甚好，无用挂念"等语。信去后，隔一二日，旗主夜半牵马二，一伊自乘，一令余乘，据称送余回家，白昼恐围主不依（通许范姓儿走，围主曾阻之）。余闻之，喜惧交加，莫知所以，急随之去。天明至新台市，离村已三十里，其距亳州则八十里，时十二月二十七八也。旗主将余安置一小饭铺，嘱掌柜供饮食，欠账皆伊承管。告余曰："尔父初间即来。见尔父，但说姓姚的待尔不错便得，使一文钱非人也。"遂洒泪别。有亳州买估衣人，知先君与王老玉交好，令随之去，谓先君不必入贼巢。初以为然，继思万一途不相遇，余出贼，先君入贼，何以为人？已受两月苦，不在此三二日也。遂辞之。

九年正月初一日，饭主人过年，为余备米面油薪并水角数十枚，谓可以自食。讵平日不曾造饭，先因年节悲伤不食，然难听饿毙，乃以水注锅将水角入之，火未燃而已烂，不知须滚水下也，弃而不食，痛哭一场，令拾薪儿煮食之。嗣和面炕油饼，面粘手不能出，又痛哭一场。有街市人怜余，代为造作，然忘下盐，借以饿不即死而已。幸先君一二日即至也。

初二日，方西望先君，而旗主叔自东至，谓余曰："尔父在亳州，不来矣。"令余随行。余悔不听买估衣者言，晚宿洌河集，说书唱曲者甚多，人烟稠密，从贼与否不甚记忆也。

初三日至亳州，径送余王老玉家。先君以余信未确，已于二十八日回家过年矣，又痛哭一场。而王老玉恐余非真，细加盘诘，无不吻合，乃领余入内，将银交付，余始知以银赎回者。回忆旗主之言，其欺余耶，抑为老者所瞒耶？

初四日，王老玉自外来，谓东门团长李大人知有小儿自贼中出，令留营当差，有银十两可获免。余唯唯而已。自是令余居同室，食同席，不避内外如一家然，至今思之犹未尝不感之也。然东门团长之事，真耶？伪耶？何从而考哉？（嗣余中举后，适先兄以事赴亳州，嘱往探问。王老玉已故，伊夫人犹在，无子寡守。）时虽未到家，知人口无恙，房屋未毁，心觉稍安，惟日望先君之至而已。

亳州东门常闭，有仇者引至东关挤杀之，无地方报官，报亦不问，以东门外皆贼也。官薄姓，甚得民心。四门团长甚有权，记有孙五雷、李桢等名。贼前曾围城，欲破之，群贼分持物遮身，缘梯而上，络绎不绝。守城者或以炮，或以石击，死者填城濠几满，终不退。又建炮台，将置大炮于上攻之，工未竣，轰于火，贼以为天意，解围去。计被围四十八日。城中粮已尽，三日不解，将自溃。贼以为天意，谅哉！嗣贼所掠之物非此无由消，贼所用之物非此无由取，此城若破，贼将有守货物而坐以待毙之势。故前此数十日攻之不下者，后虽开门揖之而亦不入矣。（贼所抢劫之物，令父兄入城求售，买者不得以为赃物而追问由来。商人入贼巢买抢劫之物，贼亦不疑有他而生心留难。贼便，民亦未始不便，故得以稍安。）

夫贼之以为天意者，以天欲保全城内数万生灵也。岂知保全城内数万之良民，即保东南半壁数百万之盗贼乎。或曰，天道福善祸淫，既为贼，何保之？余曰，此非生而贼者也，饥寒所迫也。迫于饥寒则入贼，不迫于饥寒则出贼矣。使民既迫于饥寒而贼，不使贼再迫于饥寒而死，姑稍缓须臾以待代天者出而为之请命，拔之于刀枪之中，登之于衽席之上，以还其固有，僧邸之收抚是也。彼不受抚而与官军为敌者，真贼也，在所必诛也；即不与官军为敌，而首恶如张乐行诸人，亦在所不宥也。受抚非其本心也，非其本心则真贼也。然真贼有几哉？君子是以知僧邸之善体天心。至薄公之浑浑沦沦，不求甚解，亦不得谓非乱世之贤有司矣。古人云："难得糊涂。"薄君真能糊涂哉？惜逸其名字云。

初十日，先君至，见之不觉痛哭。歇息一二日，十二日雇小车回。余与先君轮坐，所走无多，而脚已起泡，已出贼时所受之伤未愈也。

十五日，至集东，望见修寨。进街，见房屋半毁于火，大非从前景象，不觉伤心。至家，见先慈，悲欢交集，叩头罢，问贼中事，不觉又哭矣。而亲戚邻舍齐来探视，几无以应，惟有幸此身不死而已。

嗟嗟！余非身历此艰，虽小有聪明惟口腹是计，安知不如通许范姓儿之堕入下流哉。是以余叙述此事，痛定思痛，泪下如雨，几叹天之待我何刻；及至终卷，平心思之，又未尝不叹天之待我甚厚矣。劳苦患难，玉汝于成，古人岂欺我哉！

甲辰正月，扶沟柳堂追述。[1]

延伸阅读

韩瑞亚（Rania Huntington）:《混乱、记忆和文体：有关太平天国的笔记材料》(Chaos, Memory, and Genre: Anecdotal Recollections of the Taiping Rebellion),《中国文学》(Chinese Literature: Essays, Articles, Reviews), 第27卷（2005年），第59—91页。

裴宜理（Elizabeth J. Perry）:《华北的叛乱者与革命者（1845—1945）》(Rebels and Revolutionaries in North China, 1845–1945), 斯坦福大学出版社，1980年。此书中译版，池子华、刘平译，商务印书馆，2007年。

罗威廉（William T. Rowe）:《最后的中华帝国：大清》(China's Last Empire: The Great Qing), 哈佛大学贝尔纳普（Belknap）出版社，2009年。此书中译版，李仁渊、张远译，中信出版社，2016年。

张大野:《微虫世界》(The World of a Tiny Insect: A Memoir of the Taiping Rebellion and Its Aftermath), 田晓菲译，华盛顿大学出版社，2013年。

---

[1]　柳堂《笔谏堂全集》，摘自中国史学会主编《捻军》，上海人民出版社，1957年，第一册，第348—355页。

第二十九章

与家人保持联系
——曾国藩致其子曾纪泽的书信

从曾国藩于1852年至1865年间写给次子曾纪泽的12封信中可以看出，即使在全力以赴处理军政要务时，他仍然是一位关心儿子的父亲。

导读

曾国藩（1811—1872）是十九世纪中叶清廷最杰出的官员之一。他生于湖南，于1838年中进士第，在京城开始仕宦生涯后，曾在中央政府数个职位任职。曾国藩于1852年被派往江西主持科考，因在赴江西的路上得知母亲去世，不得不返回家乡湖南丁忧。当此时，太平天国正在当地迅速发展。不久，曾国藩被起复，在家乡组织地方武装用以对付太平军。因为卓越的组织规划才能，曾国藩组建了一支被证明能有效镇压太平天国的军队。1860年，曾国藩升任总督，专门负责镇压太平天国。这项任务持续四年才得以完成。自始至终，曾国藩都完全忠心于清王朝。

从1840年到1867年，曾国藩写给家人的大量信件中有几百封得以存世。曾家是大家族，曾国藩不仅与父母和祖父母通信，也与他的叔伯、兄弟和儿子们频繁保持联系。曾国藩没有直接给他的妻子、姐妹或女儿们写信，但可以想见，既然她们住在家里，这些家中的女性无疑也会读到这些写给家中男人们的信件。

与秦、汉、唐时期普通人之间简短的信件（第四章）不同的是，曾国藩的书信通常较长。他的文学功底极深，在与近亲相处异地时，经常写长信保持与他们的联络。这些信件让我们看到了曾国藩私人生活的方方面面，例如他如何处理日常事务及家庭关系、平衡工作和家庭，以及思考如何忠于儒家理想。他还经常写信给朋友和同事，并有记日记的习惯，如果想更深入了解曾国藩，还需研究他留下的这些材料。

这里选出的只是曾国藩写给次子曾纪泽（1839—1890）

的部分信件，而没有面面俱到，顾及他人。这些信件按时间顺序排列，最早一封写于1852年曾纪泽14岁之时，最后一封写于1865年，其时曾纪泽27岁。当然，父子二人只有在分居两地时才有必要通信，所以二人之间有些时期的通信显然比其他时期更多，且更频繁。第一封信因为篇幅过长，只是节选，余下十一封皆是全文照录。

父子关系是父系家庭制度和儒家伦理中最重要的家庭关系。大多数情况下，父子之间因多是面对面的互动，自然没有留下任何书面记载。因此，曾氏父子多达数百封的来往书信，显得弥足珍贵。此外，现存史料中有关父子关系的文字大多出于人子之手，且多写作于父亲去世之后，带有回忆纪念性质。曾国藩的书信不仅让我们得以从父亲的视角看待父子关系，而且由于它们涉及正在发生的家庭琐事，又未经修改润色，因此读起来更亲切直接。

从这些信件可以看出，曾国藩为塑造儿子的思想道德和人文修养做出了诸多努力。曾纪泽能成功地顺应时代需要，成为朝廷倚重的官员，自与其父的耳提面命分不开。曾纪泽后来对外交事务发生兴趣，并成为清廷最早前往欧洲的官员之一。1878年至1886年间，他多次出使，担任驻英、法、俄罗斯使节。

原文

曾国藩书信

一

字谕纪泽儿：

吾于七月念五日在太湖县途次，痛闻吾母大故，是日仍雇小轿，行六十里。是夜未睡，写京中家信，料理一切，命尔等眷口于开吊后赶紧出京。念六夜发信，交湖北抚台寄京。念七发信，交江西抚台寄京。两信是一样说话，而江西信更详，恐到得尽，故由两处发耳。惟仓卒哀痛之中，有未尽想到者，兹又想出数条，开示于后：

一、他人欠我帐目，算来亦将近千金……

……

一、驮轿要雇，即须二乘，尔母带纪鸿坐一乘，乳妈带六小姐五小姐坐一乘。……

……

一、小儿女等，须多做几件棉衣，道上十月固冷，船上尤寒也。

……

一、船上最怕盗贼，我在九江时，德化县派一差人护送……

咸丰二年八月初八日在蕲州舟中书。

二

字谕纪泽儿：

余于初八日，在舟中写就家书，十一日早，始到黄州，因阻风太久，遂雇一小轿起岸，十二日未刻，到湖北省城，晤常南陔先生之世兄，始知湖南消息，长沙被围危急，道路梗阻，行旅不通，不胜悲痛焦灼之至！

现在武昌小住，家眷此时万不可出京，且待明年春间再说，开吊之后，另搬一小房子住；余陆续设法寄银进就用，匆匆草此，俟一二日内续寄。

咸丰二年八月十二夜武昌城内发。

三

字谕纪泽儿：

胡二等来，接尔安禀，字画尚未长进。尔今年十八岁，齿已渐长，而学业未见其益。陈岱云姻伯之子号吉生者，今年入学，学院批其诗冠通场，渠系戊戌二月所生，比尔仅长一岁，以其无父无母，家渐清贫，遂尔勤苦好学，少年成名。尔幸托祖父余荫，衣食丰适，宽然无虑，遂尔酣豢佚乐，不复以读书立身为事。古人云："劳则善心生，佚则淫心生。"孟子曰："生于忧患，死于安乐。"吾忧尔之过于佚也。

新妇初来，宜教之入厨作羹，勤于纺绩，不宜因其为富贵子女，不事操作。大、二、三诸女已能做大鞋否？三姑一嫂，每年做鞋一双寄余，各表孝敬之忱，各争针黹之工。所织之布，做成衣袜寄来，余亦得察闺门以内之勤惰也。

余在军中不废学问，读书写字未甚间断，惜年老眼蒙，无甚长进。尔今未弱冠，一刻千金，切不可浪掷光阴。四年所买衡阳之田，可觅人售出，以银寄营，为归还李家款。父母存，不有私财，士庶人且然，况余身为卿大夫乎？

余癣疾复发，不似去秋之甚。李次青十六日在抚州败挫，已详寄沅甫函中，现在崇仁，加意整顿，三十日获一胜仗。口粮缺乏，时有决裂之虞，深为焦灼。

尔每次安禀，详陈一切，不可草率。祖父大人起居，阖家之琐事，学堂之功课，均须详载。切切此谕！

咸丰八年十月初二日。

四

字谕纪泽：

十九日曾六来营，接尔初七日第五号家信，并诗一首，具悉。次日入闱，考具皆齐矣。此时计已出闱还家。

余于初八日至河口，本拟由铅山入闽，进捣崇安，已拜疏矣。光泽之贼窜扰江西，连陷泸溪、金溪、安仁三县，即在安仁屯踞。十四日派张凯章往剿。十五日，余亦回驻弋阳，待安仁破灭后，余乃由泸溪云际关入闽也。

尔七古诗，气清而词亦稳，余阅之欣慰。凡作诗最宜讲究声调，余所选钞五古九家、七古六家，声调皆极铿锵，耐人百读不厌。余所未钞者，如左太冲、江文通、陈子昂、柳子厚之五古，鲍明远、高达夫、王摩诘、陆放翁之七古，声调亦清越异常。尔欲作五古、七古，须熟读五古、七古各数十篇，先之以高声朗诵以昌其气，继之以密咏恬吟以玩其味，二者并进，使古人之声调拂拂然若与我之喉舌相习，则下笔为诗时，必有句调凑赴腕下。诗成，自读之，亦自觉琅琅可诵，引出一种兴会来。古人云"新诗改罢自长吟"，又云"煅诗未就且长吟"，可见古人惨淡经营之时，亦纯在声调上下工夫。盖有字句之诗，人籁也；无字句之诗，天籁也。解此者，能使天籁、人籁凑泊而成，则于诗之道思过半矣。

尔好写字，是一好气习。近日墨色不甚光润，较去年春夏已稍退矣。以后作字，须讲究墨色。古来书家，无不善使墨者，能令一种神光活色浮于纸上，固由临池之勤、染翰之多所致，亦缘于墨之新旧浓淡，用墨之轻重疾徐，皆有精意运乎其间，故能使光气常新也。

余生平有三耻：学问各途，皆略涉其涯涘，独天文、算学，豪无所知，虽恒星、五纬，亦不认识，一耻也；每作一事，治一业，辄有始无终，二耻也；少时作字，不能临摹一家之体，遂致屡变而无所成，迟钝而不适于用，近岁在军，因作字太钝，废阁殊多，三耻也。尔若为克家之子，当思雪此三耻。推步算学，纵难通晓，恒星、五纬，观认尚易。家中言天文之书，有十七史中各《天文志》，及《五礼通考》中所辑"观象授时"一种，每夜认明恒星二三座，不过数月，可毕识矣。凡作一事，无论大小难易，皆宜有始有终。作字时先求圆匀，次求敏捷。若一日能作楷书一万，少或七八千，愈多愈熟，则手腕毫不费力。将来以之为学，则手钞群书，以之从政，则案无留牍，无穷受用，皆从写字之匀而且捷生出。三者皆足弥吾之缺憾矣。

今年初次下场，或中或不中，无甚关系。榜后即当看《诗经》注疏，以后穷经读史，二者迭进。国朝大儒，如顾、阎、江、戴、段、王数先生之书，亦不可不熟读而深思之。光阴难得，一刻千金！以后写安禀来营，不妨将胸中所见、简编所得，驰骋议论，俾余得以考察尔之进步，不宜太寥寥。此谕。

咸丰八年三月二十日，书于弋阳军中。

五

字谕纪泽儿：

接尔十九、二十九日两禀，知喜事完毕。新妇能得尔母之欢，是即家庭之福。

我朝列圣相承，总是寅正即起，至今二百年不改。我家高、曾、祖、考相传早起。吾得见竟希公、星冈公皆未明即起，冬寒起坐约一个时辰，始见天亮。吾父竹亭公，亦甫黎明即起，有事则不待黎明，每夜必起看一二次不等，此尔所及见者也。余近亦黎明即起，思有以绍先人之家风。尔既冠授室，当以早起为第一先务。自力行之，亦率新妇力行之。

余生平坐无恒之弊，万事无成。德无成，业无成，已可深耻矣。逮办理军事，自矢靡他，中间本志变化，尤无恒之大者，用为内耻。尔欲稍有成就，须从"有恒"二字下手。

余尝细观星冈公，仪表绝人，全在一"重"字。余行路容止，亦颇重厚，盖取法于星冈公。尔之容止甚轻，是一大弊病，以后宜时时留心。无论行坐，均须重厚。早起也，有恒也，重也，三者皆尔最要之务。早起是先人之家法，无恒是吾身之大耻，不重是尔身之短处，故特谆谆戒之。

吾前一信答尔所问者三条，一字中换笔，一"敢告马走"，一注疏得失，言之颇详，尔来禀何以并未提及？以后凡接我教尔之言，宜条条禀复，不可疏略。此外教尔之事，则详于寄寅皆先生看、读、写、作一缄中矣。此谕。

涤生手示，咸丰九年十月十四日。

六

字谕纪泽、鸿儿：

十月廿九日接尔母及澄叔信，又棉鞋、瓜子二包，得知家中各宅平安。泽儿在汉口阻风六日，此时当已抵家。举止要重，发言要讱。尔终身须牢记此二语，无一刻可忽也。

余日内平安，鲍、张二军亦平安。左军廿二日在贵溪获胜一次，廿九日在德兴小胜一次，然贼数甚众，尚属可虑。普军在建德，贼以大股往扑，只要左、普二军站得住，则处处皆稳矣。

泽儿字，天分甚高，但少刚劲之气，须用一番苦工夫，切莫把天分自弃了。家中大小，总以起早为第一义。澄叔处，此次未写信，尔等禀之。

涤生手示，咸丰十年十一月初四日。

七

字谕纪泽、鸿儿：

得正月廿四日信，知家中平安。此间军事，自去冬十一月至今，危险异常，幸皆化险为夷。目下惟左军在景德镇一带，十分可危，余俱平安。余将以十七日移驻东流、建德。付回银八两，为我买好茶叶，陆续寄来。

下手竹茂盛，屋后山内仍须栽竹，复吾父在日之旧观。余七年在家，芟伐各竹，以倒厅不光明也。乃芟后而黑暗如故，至今悔之，故嘱尔重栽之。

"劳"字、"谦"字，常常记得否？

咸丰十年二月十四日。

八

字谕纪泽：

八月廿日胡必达、谢荣凤到，接尔母子及澄叔三信，并《汉魏百三家》《圣教序》三帖。廿二日谭在荣到，又接尔及澄叔二信，具悉一切。

蔡迎五竟死于京口江中，可异可悯。兹将其口粮三两补去外，以银廿两振恤其家。朱运四先生之母仙逝，兹寄去奠仪银八两。蕙姑娘之女一贞于今冬发嫁，兹付去奁仪十两。家中可分别妥送。

大女儿择于十二月初三日发嫁袁家，已送期来否？余向定妆奁之资二百金，兹先寄百金回家，制备衣物，余百金俟下次再寄。其自家至袁家途费暨六十侄女出嫁奁仪，均俟下次再寄也。

居家之道，惟崇俭可以长久，处乱世尤以戒奢侈为要义，衣服不宜多制，尤不宜大镶大缘，过于绚烂。尔教导诸妹，敬听父训，自有可久之理。

牧云舅氏书院一席，余已函托寄云中丞，沅叔告假回长沙，当面再一提及，当无不成。

余身体平安。廿一日成服哭临，现在三日已毕。疮尚未好，每夜搔痒不止，幸不甚为害。满叔近患疟疾，廿二日全愈矣。此次未写澄叔信，尔将此呈阅。

咸丰十一年八月廿四日。

九

字谕纪泽：

二十日接家信，系尔与澄叔五月初二所发，廿二日又接澄侯衡州一信，具悉五宅平安，三女嫁事已毕。

尔信极以袁婿为虑，余亦不料其遽尔学坏至此，余即日当作信教之。尔等在家却不宜过露痕迹。人所以稍顾体面者，冀人之敬重也；若人之傲惰鄙弃业已露出，则索性荡然无耻，拼弃不顾，甘与正人为仇，而以后不可救药矣！我家内外大小于袁婿处礼貌均不可疏忽，若久不悛改，将来或接至皖营，延师教之亦可。

大约世家子弟钱不可多、衣不可多，事虽至小，所关颇大。

此闲各路军事平安。多将军赴援陕西，沅、季在金陵孤军无助，不无可虑。湖州于初三日失守。鲍攻宁国，恐难遽克。安徽亢旱，项间三日大雨，人心始安。谷即在长沙采买，以后澄叔不必挂心。此次不另寄澄信，尔禀告之。此嘱。

　　同治元年五月二十四日。

十

字谕纪泽、鸿儿：

　　日内未接家信，想五宅平安。此间军事，金陵于初五日解围，营中一切平安，惟满叔有病未愈。目下危急之处有三：一系宁国鲍、张两军粮路已断，外无援兵；一系旌德朱品隆一军被贼围扑，粮米亦缺；一系九洑洲之贼窜过北岸，恐李世忠不能抵御。大约此三处者，断难幸全。

　　余两月以来，十分忧灼，牙疼殊甚。心绪之恶，甚于八年春在家、十年春在祁门之状。尔明年新正来此，父子一叙，或可少纾忧郁。

　　尔近日走路身体略觉厚重否？说话略觉迟钝否？鸿儿近学作试帖诗否？袁氏婿近常在家否？尔若来此，或带袁婿与金二外甥同来亦好。澄叔处未另致。

　　泽生手示，同治元年闰八月二十四日。

十一

字谕纪泽、鸿儿：

余于初四日自邵伯开行后，初八日至清江浦。闻捻匪张、任、牛三股并至蒙、亳一带，英方伯雉河集营被围，易开俊在蒙城亦两面皆贼，粮路难通。余商昌岐带水师由洪泽湖至临淮，而自留此，待罗、刘旱队至乃赴徐州。

尔等奉母在寓，总以勤俭二字自惕，而接物出以谦慎。凡世家之不勤不俭者，验之于内眷而毕露。余在家，深以妇女之奢逸为虑，尔二人立志撑持门户，亦宜自端内教始也。

余身尚安，癣略甚耳。

同治四年闰五月初九日。

十二

字谕纪泽：

接尔两次安禀，具悉一切。尔母病已全愈，罗外孙亦好，慰慰。

余到清江已十一日，因刘松山未到，皖南各军闹饷，故尔迟迟未发。雉河、蒙城等处日内亦无警信。罗茂堂等今日开行，由陆路赴临淮。余俟刘松山到后，拟于廿一日由水路赴临淮。

身体平安，惟垒念湘勇闹饷，有弗戢自焚之惧，竟日忧灼。蒋之纯一军在湖北业已叛变，恐各处相煽，即湘乡亦难安居，思所以痛惩之之法，尚无善策。

杨见山之五十金已函复小岑在于伊卿处致送。邵世兄及各处月送之款，已有一札，由伊卿长送矣。惟壬叔向按季送，偶未入单。刘伯山书局撤后，再代谋一安砚之所。该局何时可撤，尚无闻也。

寓中绝不酬应，计每月用钱若干？儿妇诸女，果每日纺绩，有常课否？下次禀复。吾近夜饭不用荤菜，以肉汤炖蔬菜一二种，令极烂如齑，味美无比，必可以资培养（菜不必贵，适口则足养人）。试炖与尔母食之（星冈公好于日入时手摘鲜蔬，以供夜餐。吾当时侍食，实觉津津有味。今则加以肉汤，而味尚不逮于昔时）。后辈则夜饭不荤，专食蔬，而不用肉汤，亦养生之宜，且崇俭之道也。

颜黄门之推《颜氏家训》作于乱离之世，张文端英《聪训斋语》作于承平之世，所以教家者极精。尔兄弟各觅一册，常常阅习，则日进矣。

同治四年闰五月十九日。[1]

---

[1]　选自（清）曾国藩《曾国藩全集》，岳麓书社，1987年。

延伸阅读

卡达尔（Daniel Z. Kadar）：《中国历史上的书信》（*Historical Chinese Letter Writing*），布鲁姆斯伯里（Bloomsbury Academic）出版社，2011年。

刘广京（Liu Kwang-Ching）：《单纯出于教育的目的：曾国藩家书研究》（Education for Its Own Sake: Notes on Tseng Kuo-fan's *Family Letters*），收于艾尔曼（Benjamin A. Elman）、伍思德（Alexander Woodside）编：《帝制晚期的教育与社会，1600—1900》（*Education and Society in Late Imperial China, 1600–1900*），加利福尼亚大学出版社，1994年，第76—108页。

孔飞力（Philip A. Kuhn）：《中华帝国晚期的叛乱及其敌人：军事化和社会结构，1796—1864》（*Rebellion and Its Enemies in Late Imperial China: Militarization and Social Structure, 1796–1864*），哈佛大学出版社，1970年。此书中译版，谢亮生、杨品泉、谢思炜译，中国社会科学出版社，1990年。

杨彬彬（Binbin Yang）：《曾纪芬（1852—1942）的插图自订年谱与中国现代转型时期对典范的应用》（A Pictorial Autobiography by Zeng Jifen（1852–1942）and the Use of the "Exemplary" in China's Modern Transformation），《男女：中国的男性、女性和社会性别》（*Nan Nü: Men, Women, and Gender in Early and Imperial China*），第19卷，第2期（2017年），第263—315页。